KYNOS KLEINE HUNDEBIBLIOTHEK

RHODESIAN RIDGEBACK

KYNOS VERLAG MÜRLENBACH

»Der Rhodesian Ridgeback - mit einem Tropfen Löwenblut«
Alte afrikanische Legende

KYNOS KLEINE HUNDEBIBLIOTHEK

RHODESIAN RIDGEBACK

Stig G. Carlson

Illustrationen: Sandra C. S. Carlson

INHALTSVERZEICHNIS

IMPRESSUM

© 1995 KYNOS VERLAG Dr. Dieter Fleig GmbH
Am Remelsbach 30
D-54570 Mürlenbach/Eifel
Telefon: 06594/653
Telefax: 06594/452

ISBN-Nr. 3-929545-27-6

Druck: Dr. Cantz' sche Druckerei, 73760 Ostfildern - Ruit

Der Autor Stig G. Carlson, ein Schwede, in Finnland geboren, hat auf fünf Kontinenten Rhodesian Ridgebacks gerichtet oder Vorträge über die Rasse gehalten. Im Jahre 1967 begann er seine Laufbahn als Hundefachmann mit English Bulldogs, wählte dann 1977 als neue Lieblingsrasse den Rhodesian Ridgeback. Er war Chairman des Schwedischen Rhodesian Ridgeback Clubs und des Stockholmer Kennel Clubs, ist Ehrenmitglied der Rhodesian Ridgeback Clubs in Norwegen und Transvaal, Südafrika. Mehrere Jahre arbeitete er für den World Wildlife Fund in Schweden, beim Mitglied des Informationskommittees, sein Spezialinteresse galt den gefährdeten Wildhundearten.

Dieses ist das dritte Rhodesian Ridgeback Buch von Stig G. Carlson, gleichzeitig das erste, das je über den Rhodesian Ridgeback in deutscher Sprache veröffentlicht wurde. Alle Fotos sind - wenn nicht anders erwähnt - vom Autor.

Danksagung

Dank all jenen, die mir mit Bildmaterial begeistert geholfen haben. Dank meiner Tochter Sandra, die sich von ihrem Designerberuf die Zeit genommen hat und die Illustrationen für dieses Buch anfertigte. Dank meiner Frau Bea, die immer wieder Verbesserungen des Textes vorgeschlagen, hinzugesetzt und formuliert hat.

Stig G. Carlson

9

ZUM GELEIT

Am Anfang des Rhodesian Ridgeback stand tatsächlich nicht eine einzelne Hunderasse, sondern eine Gruppe verschiedener Hunde, die ihre ganz eigenen Aufgaben erfüllten. Die Natur hat jedoch einer Anzahl von Einzeltieren eine besondere Markierung geschenkt, ganz gleich wie sie aufgebaut waren, unabhängig von ihren Farben, Größen oder lang vergessenen Namen - es war die besondere Haarformation auf dem Rücken der Hunde. Dieses einzigartige Merkmal konzentrierte völlig natürlich besonderes Interesse auf diese Hunde. Gleichzeitig wurde in der zweiten Hälfte des 19. Jahrhunderts die Welt in sich zugänglicher, die Neuigkeiten verbreiteten sich zwar nicht mit der Schnelligkeit des heutigen Fernsehens, zumindest aber mit der Unausweichlichkeit des geschriebenen Wortes. Einige besonders spektakuläre Freizeithobbys gehörten zum sogenannten "in" der Reichen, Wagemutigen und oft auch der Berühmten. Gerade in den letzten, dahinschwindenden Jahren der Kolonialmächte wurde der Ridgeback geboren, die Löwenjagd übertrug auf ihn ihren Ruf, ihr Ruhm gab der Rasse ihren ersten Namen *Löwenhund (The Lion Dog)*.

Rhodesien gab den Namen, der sich wirklich als dauerhaft erweisen sollte - Rhodesian Ridgeback. Die Afrikaner oder *Boers* boten der Rasse ihren wirklichen Geburtsort, wo sich all diese Hunde untereinander mischten, Hunde die zur Grundlage jener Rasse wurden, die den *König der Tiere* jagte.

Bereits im Jahre 1923, ein Jahr nach dem allerersten Treffen, bei dem über die »Rasse« gesprochen wurde, Rasse mehr im Sinne eines Traums als einer bereits in ihren Aufgaben gefestigten Rasse - wurden folgende einfachen Worte niedergeschrieben:

»In Rhodesian geht die Anzahl von Löwen rapide zurück, parallel hinzu die Anzahl der Löwenjäger. Es wäre jammerschade, wenn diese großartige Hunderasse - der Löwenhund - aussterben würde. Es gibt noch immer zahlreiche Aufgaben, für die sich dieser Hund eignet, wenn es auch als unwahrscheinlich anzusehen ist, daß dies je eine zahlenmäßig große Hunderasse werden wird.« (Farmer's Weekly, 07.02.1923, Mr. C.H. Edmonds, Sen. Vet.Dr.)

Einer der Gründe, weshalb ich es an der Zeit finde, über die Rhodesian Ridgeback etwas zu schreiben ist, daß wir uns heute weltweit und nicht zuletzt in Zentraleuropa einer schnellen Ausdehnung des Ridgebacks gegenübersehen. Als ich 1984 die erste Weltkonferenz in Johannesburg besuchte, wurde ich nachhaltig daran erinnert, wie neu, wie völlig natürlich diese Hunderasse ist. Wir hatten die Gelegenheit, eine ganze Anzahl echter Pioniere der Rasse persönlich kennenzulernen, beispielsweise Major Tom Hawley und Mrs. Mylda Arsenis. Der Ridgeback ist Afrika und Südafrika lebt im Ridgeback. Als ich dann die Ehre hatte, 1988 im Zweiten Weltkongreß in Dänemark den Vorsitz inne zu haben, wurden meine Grundüberzeugungen nachhaltig bestätigt. Die Menschen, die für die Rasse das meiste geleistet haben, sind spezielle Menschen, Menschen ganz eigener Art. Es sind Menschen, welche die inneren Schwingungen der Species Hund verstehen, Menschen die lernen wollen, zu verstehen versuchen, den Ridgeback als das zu behandeln, was er ist - ein Sohn

Südafrikas. Ein Nachkomme der besten Jäger, der vertrauenswürdigsten Wächter und Familiengefährten.

Der Ridgeback ist die einzige domestizierte Hunderasse, die in der Region Südafrika ihren Ursprung hat. Er gehört zu den wenigen Hunderassen, von denen wir sagen können, daß wir mehr über ihre Funktionen als über meßbare körperliche Einzelheiten wissen. Der Rhodesian Ridgeback ist eine, die einzige Hunderasse, die uns die Chance gibt, mit einem Teil der jüngeren Geschichte zusammen zu leben, mit der Zeit der Löwenjagd, der abschliessenden Kolonisation Südafrikas, mit den letzten großen Abenteurern und Legenden. Das Leben und Verstehen des Rhodesian Ridgeback ist etwas ganz besonderes, es ist eine Aufgabe, verlangt Verantwortung.

Dieses Buch ist jedermann gewidmet, dessen Herz für dieses kleine Besondere schlägt, dieses Stück Natur und Wildleben, das in jedem Ridgeback weiter erhalten werden muß.

St. Prex, Schweiz 1995

Stig G. Carlson

Kapitel Eins

GESCHICHTE DER RASSE - DIE LEGENDE

Vorzüglicher Ausdruck eines Rhodesian Ridgeback, der geradezu dramatisch wirkt.

Meist sind Legenden eine romantische Beschreibung der Wahrheit, in vielen anderen Fällen handelt es sich um wunderschöne Märchen. Legenden sind durchaus nicht immer ohne Bedeutung, Legenden haben nämlich die Fähigkeit, positives Interesse und Aufmerksamkeit zu wecken.

Wenn Du an die am weitesten hergeholten Theorien über den Ursprung des *Ridge* glaubst, diese seltsame Haarformation auf dem Rücken der Hunde - heute verfeinert zu einem eleganten *Ridge* mit zwei *Crowns (Kronen)* unter einem symmetrischen *Arch (Bogen)*, dann brachten bereits die Phoenizier aus dem Osten Hunde mit dieser Haarformation nach Afrika. Tatsache ist, daß es auf der Insel Phu Quoc im Golf von Thailand Hunde mit einem solchen *Ridge* gibt, auch gab es solche Hunde in Thailand selbst und wahrscheinlich in Kambodschaa.

Eine andere Legende berichtet, daß Händler - seien es Phoenizier, Araber, Portugiesen, Holländer oder andere Nationen - diese originalen halbwilden afrikanischen Hunde in andere Länder - von Afrika Richtung Fernosten - brachten, von denen einige Gene für diese Haarbildung auf dem Rücken führten.

Da gibt es einen Punkt, der in allen Spekulationen rund um diese Legenden eigentlich fehlt - der Gesichtspunkt, daß *dies überhaupt keine Rolle spielt*. Die heutigen Hunde in Thailand mit *Ridge* sind Hunde vom Typ Spitz - es handelt sich eigentlich um Nordische Hunde.

Deshalb ist es auch ein Fehler, solche Hunde *Thai Ridgeback* zu nennen. Bestimmt sind dies recht interessante Hunde, am besten sollte man sie aber *Thai Ridged Dogs* oder *Thai Ridged Spitze* nennen.

Der Ridgeback, so wie wir ihn kennen, ist eine Hunderasse, die über die letzten dreihundert Jahre in Afrika entstanden ist. Der Ridgeback ist ein Jagd- und Wachhund, der die Haarformation auf seinem Rücken von einer Vielzahl von Hunden mit diesen Eigenschaften geerbt hat, von Hunden, die über diesen Zeitraum im südlichen Afrika lebten. Näheres hierüber im nächsten Kapitel.

Es gibt auch noch die Legende, wonach ägyptische Hunde von Slughi Typ *ridge-ähnliche* Haarbildungen gezeigt haben sollen. Und ob Du es glaubst oder nicht, in dem großartigen alten Hundebuch *Hutchinson's Dog Encyclopaedia* gibt es auf Seite 836 ein Bild von drei Slughis aus den letzten Jahren des 19. Jahrhunderts. Einer dieser Hunde zeigt eindeutig einen *Ridge*. Hier muß man aber klar sagen, daß dies die Legende über das alte nordafrikanische Erbe der Hunde mit *Ridge* bestätigen oder widerlegen mag. Immerhin sollte man daran denken, es liegt vielleicht näher - daß Liebe keine Grenzen kennt, nicht einmal Grenzen der Rassen untereinander.

Es scheint wahrscheinlich, daß Erklärungen portugiesischer Händler, die Ende des 15. Jahrhunderts einige Hottentotten gefangen nahmen, die ersten Dokumente über ein Merkmal sind,

In Afrika hat die Jagd eine alte Tradition. Wann und wo erstmalig Hunde mit einem Ridge auftraten, um den eingeborenen Jägern zu helfen, werden wir nie genau wissen. Wir wissen aber, daß die halbwilden Hunde der Hottentotten bereits eine Ridgeformation auf dem Rücken trugen.
Hier studiert die Ehefrau des Autors eine alte Höhlenmalerei in Zimbabwe.

das später allgemein als *Ridge* bekannt wurde. Die portugiesischen Händler beschrieben die treuen, von den Hottentotten gehaltenen Hunde als »häßlich und hyänenähnlich«. Sie hätten eine seltsame Haarbildung auf ihrem Rücken, bei der sich die Haare nach vorn neigten. In den Berichten liest man auch, daß diese Geschöpfe ihren Herren außerordentlich ergeben und zuverlässig erschienen.

Die Geschichte Afrikas ist wie die Geschichte der meisten Teile unserer Erde bestimmt von Eroberern und den Eroberten, von Bewegung und Veränderung. Die Hottentotten trieben die Buschmänner weiter und weiter nach Süden, die Bandus trieben die Hottentotten, die großartigen Zulukrieger eroberten riesige Gebiete von Südostafrika. Dies alles verursachte Turbulenzen sowohl in der Bevölkerungsstruktur als auch in den Gewohnheiten. Mit meinen eigenen Augen habe ich kleine, basenji-hyänenartige Typen, halbdomestizierte Hunde, in den wilderen Teilen des heutigen Simbabwe gesehen. Auch besitze ich einige Statuen aus dem inneren Teil von Benin, die spitztypische Hunde mit klaren Markierungen auf ihren Rücken zeigen. In den Annalen von Dr.

Diese Reliefs alter Buren Wagen aus dem Vortrekker Museum *in Pretoria, Südafrika, erinnern uns an die Frühzeit der Hunde mit Ridge.*
Bei der Paarung europäischer Hunde mit afrikanischen Hunden mit Ridge spielten die Buren eine entscheidende Rolle, damit schufen sie die Grundlage für die Zucht des modernen Ridgebacks.
Die alten Burennamen für die Hunde mit Ridge waren »Maanhaar« und »Verkerdehaar« bestätigen die Tatsache, daß schon in den vorangegangenen Jahrhunderten die eigentümliche Haarbildung auffiel.

Livingstone's berühmten Begegnungen mit dem Inneren Afrikas finden wir Illustrationen mit kleinen Kreaturen, die dem *Cape Hunting Dog* im Typ ähneln, auch sie haben büschelartige Haarformationen auf ihren Rücken. Autoren wie Laurens van der Post haben den Legenden über den Ridgeback dadurch schmeichelnde Teile hinzugefügt, daß sie diese Rasse in eine ihrer Geschichten mit einbezogen haben. All dieses beweist aber immer ein und dasselbe:

Hunde mit *Ridge* gab es in ganz Afrika, sie sind Teil der afrikanischen Legenden wie der afrikanischen Geschichte.

Die Legenden über diese alten afrikanischen Stämme und ihre Hunde haben in sofern einen wissenschaftlichen Hintergrund, als zweifelsohne durch sie bewiesen wird, daß es alte, eingeborene Typen von Hunden gab, welche die Haarformation eines *Ridge* aufwiesen. Mrs. Mylda Arsenis berichtet in ihrem Buch *Ridged Dogs in*

Africa über Ausgrabungen des österreichischen Professors von Schulmuth im Jahre 1936. Dabei wurden auch Überreste von Hottentottenhunden freigelegt, die im Schlamm des Flusses über lange Zeit begraben waren. Das am besten erhaltene Exemplar zeigte auf seinem Rücken einen klaren *Ridge*. Weiter wird von dem gleichen Hund berichtet, daß er einen breiten, flachen Oberkopf aufwies, stehohrig war.

Auch gibt es Berichte, wonach die Zulus besonders von »den Hunden mit einer *Schlangenmarkierung auf ihren Rücken*« beeindruckt waren, und vom Mut dieser Tiere. Es ist nicht bekannt, ob die Zulus selbst diese eingeborenen Hunde in ihre Haushalte aufnahmen.

Zu den früheren Legenden über Hunde mit *Ridges* gehören auch die der *Boers* und ihrer *Haushunde*, häufig wurden sie nach ihrer merkwürdigen Haarbildung benannt, nämlich als: *Verkeerdehaar, Maanhaar, Vuilbaard;* und der schon selbst zur Legende gewordene Wachhund war der *Steekbard*. Und wenn die Gemälde, Zeichnungen oder Teppiche sprechen könnten, die den *Great Trekk* wiedergeben - die Auswanderung der *Boer* aufgrund englischer Unterdrückung, die etwa 1835 begann, in der Schlacht am *Blood River* 1838 kulminierte und die 1854 endete, was für eine Geschichte über all die Tapferkeit und Hingabe der Hunde mit dem *Ridge* würden wir daraus erfahren.

Ich glaube, eine alte Rhodesische Quelle faßt die frühen Tage der *Ridges Dogs* besonders gut zusammen: »Der *Lion Dog* ist ein sehr wertvoller Jagdhund unbekannten Ursprungs. Diese Rasse hat sehr starke, eigene, charakterliche Merkmale. Diese Merkmale, nicht zuletzt ihre Klugheit, Eleganz, verbunden mit Tapferkeit schufen unter der afrikanischen Bevölkerung eine eigene Legende, wonach diese *Ridges Dogs* tatsächlich in ihren Adern einen Tropfen Löwenblut besitzen.«

Die legendäre Löwenjagd, sie ist der Ausgangspunkt des Ruhms des Ridgebacks. Dabei sollte man wissen, daß diese mit einem *Ridge* ausgestatteten Hunde niemals einen Löwen angriffen oder zu töten versuchten, vielmehr setzten sie ihre außergewöhnliche Beweglichkeit, ihre Ausdauer und Kraft ein, um sich immer schnell zu bewegen, den Pranken des Löwen zu entgehen, den König der Tiere einfach nur so lange zu stellen, bis der Jäger an Ort und Stelle war.

Sowohl in Afrika, Neuseeland, Australien als auch in Tennessee, USA wurde in jüngerer Zeit der Ridgeback dafür eingesetzt, Wildschweine zu jagen, ja sogar zu töten.

Es gibt auch Hinweise, wonach Ridgebacks auch Leoparden (Cheetahs) und sogar Paviane (Baboonen) erlegt haben. Unter Ausnutzung der Geschicklichkeiten, die er für die Löwenjagd brauchte, hat sich der Ridgeback auch auf der Pumajagd (Cougar) in Kanada, USA und Mexiko bewährt.

Wenn man aber den Ridgeback als alten *Lion Dog* sieht, darf man keinesfalls die übrigen Rassemerkmale übersehen, näm-

lich die eines vertrauenswürdigen Wächters und angenehmen Familienhunds, der besonders wegen seiner Geduld Kindern gegenüber berühmt geworden ist.

Einzelheiten, wie genau die ersten Hunde mit Ridge aussahen, werden wir wahrscheinlich nie genau wissen. Sowenig wir über ihren Körperbau kennen, umso mehr wissen wir über ihre Umwelt, die diesen Hunden mit Ridge Ende des 19. und Anfang des 20. Jahrhunderts große Aufmerksamkeit einbrachten. Berühmt waren Mut und Intelligenz dieser großen Jagdhunde auf Raubzeug, ihre kompromisslosen Qualitäten als Schutzhunde.
Foto: A. Schrattenholtz, Dänemark

Kapitel Zwei

GESCHICHTE DER RASSE - DIE TATSACHEN

Der heutige Rhodesian Ridgeback ist ein direkter Nachkomme der Jagdhunde von Van Rooyen's *und* Selous'es *- und all der zahllosen Haushunde, die in Südafrika Häuser und Familien schützten. Wenige Rassen sind natürlicher als ein Ridgeback.*

Zur Rassegeschichte gibt es zwei ganz bestimmte Punkte, auf die es ankommt, die für die Entwicklung des modernen Rhodesian Ridgeback als Rasse selbst von großer Wichtigkeit sind. Im Jahre 1652 errichteten die Holländer am Kap unter Jan van Riebeeck eine kleine Garnison. Diese erste organisierte Niederlassung umfaßte weniger als hundert Menschen aber bereits eigene Haustiere, um die Garnison so unabhängig wie möglich zu machen. Wie auch heutzutage war der Grund in allererster Linie, die Kosten im Griff zu halten. Das war aber keinesfalls das erste Zusammentreffen zwischen Europäern und Eingeborenen - in erster Linie Hottentotten. Schon Portugiesen wie Holländer hatten zuvor ihren Fuß am Kap an Land gesetzt. Als fünf Jahre vor Riebeeck's Landung ein holländisches Schiff strandete, trafen sie bereits einen Hottentotten, der - etwas - englisch sprach!

Aber mit der ersten holländischen Niederlassung in der ersten Garnison begann ein systematischer Zustrom von Menschen und Utensilien, Vieh und auch Haustieren. Wir wissen bestimmt, daß darunter Hunde waren, wir können aber nur darüber spekulieren, welche Rassen. Wir wissen auch, daß die Holländer ein Grundprinzip für das Lernen anwandten, nämlich *soviel einheimische Quellen benutzen wie irgend möglich.* Dies war offizielle Politik, daher alle die Bemühungen, mit der örtlichen Bevölkerung in Kontakt zu treten, ernsthaft die Natur zu erschließen. Auch andere

Europäer wanderten ein, trugen zum Wachstum der Population bei, insbesondere französische Hugenotten, die ab 1688 ins Land kamen.

Im Jahre 1707 lebten im Kapbereich insgesamt 803 Erwachsene und 820 Kinder, die Kolonisation der inneren Landesteile begann. Weitere Europäer reisten nach Südafrika, verbrachten das ganze 18. Jahrhundert dazu, ihre eigene Gesellschaft und ihren eigenen Lebensstil zu entwickeln. Im Interesse der geschichtlichen Wahrhaftigkeit sei erwähnt, daß der erste britische Gouverneur 1807 am Kap anlangte, die direkte Folge des großen englischen Sieges der Seeschlacht von 1795, welche die Herrschaft der Dutch East India Company am Kap beendete. Irgendwann in dieser Zeit erfolgten die ersten geplanten Kreuzungen zwischen Europäischen und *Ridged African Dogs.*

Die zweite und entscheidende Periode für die Entwicklung der Rasse liegt zwischen 1870 und 1922. Über diese fünfzig Jahre wurden die einzigartigen Jagd- und Schutzfähigkeiten bestimmter Hundetypen erkannt, bis dann 1922 einige Rasseanhänger sich zusammenfanden, die Richtlinien niederschrieben, woraus sich dann eine unabhängige Hunderasse entwickelte.

In den 1870-er Jahren reiste der hochwürdige Referent Charles Helm in die südlichen Bereiche des heutigen Simbabwe, in jenen Tagen Rhodesien. Ihn begleiteten zwei Hunde mit *Ridge* , die aus Swellendam im

Kapbereich stammten. Der sehr gut bekannte Großwildjäger Cornelius van Rooyen versuchte diese Hunde auf der Jagd, fand sie hervorragend für seine Anforderungen , paarte sie deshalb mit einer Vielfalt anderer Hundetypen, die bereits die notwendigen jagdlichen Fähigkeiten bewiesen hatten. Van Rooyen empfahl diese *Ridged Dogs* auch anderen Großwildjägern, so kam es zur großen Vermischung guter Jagdhunde und *Ridged Dogs of hunting type*. Die Popularität dieser außergewöhnlichen Tiere steigerte sich so schnell, daß man sie über einige Zeit sogar die *Van Rooyens Dogs*, später dann *Lion Dogs* nannte.

Es gibt Niederschriften über eine angebliche Diskussion zwischen dem Sohn von van Rooyen und einem Mr. Welling über das Thema, welche erste Hunde van Rooyen erhielt und welche Paarungen durchgeführt wurden. Diese Unterhaltung unterstellt, daß die von Referent Helms gezüchteten *Original Dogs* beträchtlich größer gewesen sind als die späteren *Ridged Dogs*, »sie hatten enormen Mut, aber wenig Nasenveranlagung.« Danach soll van Rooyen diese Originalhunde mit leichteren Hunden gekreuzt haben, um sie schneller zu machen, beispielsweise Airedale, Collie und Pointer. Dabei wurde die Pointereinkreuzung als »nicht besonders gut« bewertet.

Es gibt auch ernsthafte Hinweise, wonach Anfang unseres Jahrhunderts auch andere Rassen eingekreuzt wurden. Hieraus erwächst die einfache Tatsache, daß der heutige Ridgeback einer Mischung vieler Rassen entstammt. Dabei muß man auch noch beachten, daß bei der relativen Langsamkeit aller Transportmöglichkeiten vor sechzig bis neunzig Jahren die Mischung der Hunde durchaus nicht gleichmäßig erfolgte. Deshalb ist es durchaus realistisch anzunehmen, daß die *Ridged Dogs* in den verschiedenen Teilen des Südens - bald darauf auch des Ostens - von Afrika verschiedenes genetisches Erbe repräsentierten.

Betrachte jedoch einfach die Ohren einiger Ridgebacks heutzutage, schnell wirst Du sehen, daß altes Blut plötzlich auftaucht, diesen Teil des Hundes beeinflußt. Dies gilt natürlich ebenso für andere Merkmale.

Es ist wahrscheinlich, daß der berühmteste all dieser Jäger - Frederick Courtney Selous - seine *Ridged Dogs* direkt von van Rooyen erhielt. Kaiser Wilhelm I nannte Selous »ein Musterbeispiel der Jugend des Landes«. Präsident Roosevelt sah in ihm »seinen persönlichen Freund«. So wurde er auch zum Modell des *Alan Quatermain* in Rider Haggard's Buch *The Mines of King Solomon*.

Ebenfalls war er der *Sean Courtney* in Wilbur Smith's afrikanischem Epos *When the Lion Feeds*.

Auf den Spuren von van Rooyen und Selous folgte noch eine Vielzahl großer Jäger, beispielsweise H.A. Fraser, Mrs. Foljambe, Mr. Upcher und der Kenianer Sydney Waller. Diese Tradition setzt sich noch bis in die 1960-er Jahre fort, als 1966

Der heutige Ridgeback ist das Ergebnis züchterisch erwünschter Funktionalität. Ein tüchtiger, mutiger und doch intelligenter Jagdhund. Voller Kraft, dennoch ein Wächter, der von seinem Besitzer durch Gehorsam kontrolliert ist.Rhodesian Ridgebacks sind echte Söhne der Natur.
Foto: A. Schrattenholtz, Dänemark

die Sage von Lewis Christian berichtete, er habe 226 Löwen erlegt. Ihn begleiteten immer mindestens zwei Ridgebacks.

Zum Verständnis der Rasse gibt es ganz wichtige Tatsachen, die man in Erklärungen dieser frühen Pioniere findet. So schrieb 1932 R.H. Fraser in Material, das seine Tochter später veröffentlichte, über seine Ridgebackhündin *Jess:* »Sie war schnell, clever und tapfer. Durch einen Sturz war die Hündin völlig gelähmt, hat sich aber wieder erholt. Auf der Veranda wurde sie von einem Leoparden gefaßt, konnte aber entkommen, wurde von einem Löwen ver-

letzt, von einer speienden Kobra geblendet - und hat sich wieder erholt.«

Wenn ich weiter R.H. Fraser zitieren darf: »Die alten afrikanischen Großwildjäger wie van Rooyen und viele andere jagten meist im Norden von Limpopo, sie züchteten den Ridgeback als eigenständige Rasse, weil sie einen Hund brauchten, der kühn genug war, alleine gefährliches Großwild zu stellen, beispielsweise Löwen und Leoparden, im Gegensatz dazu aber zu klug war, sich einfach auf den Gegner zu stürzen und dabei getötet zu werden.«

Im Jahre 1922 veranlaßte Mr. Francis Richard Barnes, der schon über viele Jahre *Ridged Dogs* besaß, ein Meeting, um mit anderen Rasseliebhabern eine Standardisierung dieser Hunde zu diskutieren, sie als eigene Rasse zu begründen. Dabei benutzte Barnes den alten Dalmatiner Standard als Grundlage für den logischen Aufbau des Standards. Dies war gar keine schlechte Wahl - und hatte dazu noch symbolischen Charakter. Die *Ridged Dogs* der 1920-er Jahre waren Jagdhunde mit guten Eigenschaften als Schutzhunde, sehr ähnlich einer ganzen Anzahl traditioneller europäischer Jagdhunderassen.

Der allererste Rassestandard, vielleicht sollten wir ihn nur Rassebeschreibung nennen - sah für Rüden und Hündinnen die gleiche Widerristhöhe vor, maximal 71 cm, eine Zahl, die in den darauffolgenden Jahren mehrfach angepaßt wurde. Über die anderen Merkmale, wie sie 1922 festgelegt wurden, erfährst Du weiteres im nächsten Kapitel, wo der heutige offizielle Ridgeback Standard wiedergegeben ist. Er ist ein sehr gutes Spiegelbild dessen, was Barnes und seine Kollegen schon vor über siebzig Jahren niederschrieben.

Ehe wir uns ins letzte Jahrzehnt des 20. Jahrhunderts und zu den heutigen Hunden begeben, noch zwei Fakten, die eine besondere Bedeutung haben, wenn man den heutigen Ridgeback richtig verstehen will. Als erstes, die zwei Grundaufgaben der *Ridged Dogs* wurden parallel zueinander entwickelt, gleichermaßen angestrebt. Als Jäger mußten diese Hunde die bereits erwähnte Frische und Klugheit haben, schnelle Bewegungen und auch Schneid, das waren die gleichen Eigenschaften, die sie auch als Schutzhunde brauchten. Die *Ridged Dogs* hielten nicht nur unerwünschte menschliche Besucher von den Farmen ab, besonders erwähnt wird auch noch ihre bemerkenswerte Geschicklichkeit, die Farmen frei von umherstromernden Pavianen zu halten. Wenn man alte Erzählungen der Großwildjäger und Wildhüter liebt, wird man auch verstehen, auf welche Entfernungen die frühen Ridgebacks ihren meist sich zu Pferde bewegenden Herren folgen mußten. Zum zweiten waren die *Ridged Dogs* oder sollen wir diese nach den 1920-er Jahren bereits alle *Ridgebacks* nennen, in jenen alten Tagen bereits viel weiter verbreitet als man glaubt. In den 1930-er Jahren gab es die Rasse bereits als Wächter auf Tabakpflanzungen, dem wichtigsten landwirtschaftlichen Projekt in Rhodesien und bis zum heutigen Tag von Malawi.

Andere Farmer hielten die Hunde über ganz Südafrika, Mosambik und selbst in Kenia. Die Rasse gewann durch ihre spektakulären jagdlichen Fähigkeiten viel Popularität, aber ebenso auch durch das farbige Leben der Großwildjäger Selous, van Rooyen und Fraser. Tatsache ist aber, daß rein zahlenmäßig der Ridgeback viel häufiger als Wach- und Schutzhund diente denn als Jagdhund. Dies ist eine wichtige Qualität dieser Hunde, die wir in ihrem vollen Wert bis zum heutigen Tage ganz besonders schätzen.

In heutigen Zeit gibt es eine ganze Anzahl berühmter Menschen, die Ridgebacks ihr Eigen nennen. Die englische Königin, damals noch Kronprinzessin, erhielt zwei Ridgebacks als Geschenk, nach denen die ersten Ausstellungschampions in England abstammen sollen. Der Schauspieler Errol Flynn besaß Ridgebacks, ebenfalls der legendäre rhodesische Führer Ian Smith, der noch heute Patron des *Parent Club* in Harare ist. Vor einigen Jahren brachte Hollywood einen Film mit Ridgebacks heraus. Dies alles zusammen mit der Tatsache, daß Ridgebacks auf vielen Kontinenten sehr schnell an Popularität gewannen, hat zu dem Status von 1995 geführt, da der Ridgeback keine untergeordnete Hunderasse mehr ist. In Hundeliebhaberkreisen mit Ausstellungsambitionen ist diese Rasse sehr populär geworden, was bewirkt, daß die Rasse zwar nicht sehr oft aber doch auf großen internationalen Hundeausstellungen den Titel *Best in Show* gewinnt. All dies zusammen hat uns zu Besitzern und Liebhabern des Ridgebacks gemacht, erlegt uns aber auch neue, viel größere Verantwortung auf - **eine viel höhere Verantwortlichkeit.**

Ridgeback Hündin, von einem alten Ridgeback Züchter. Dieses Bild stammt aus Rhodesien.

Kapitel Drei

RASSE-STANDARD

Ridge muß genügend lang sein, mit zwei und nur zwei »crowns«,
iter gefordert sind Symmetrie, eleganter »arch«, der im unteren Teil
Ridge beginnt.

FCI-Standard Nr. 146
vom 20. 08. 1989
RHODESIAN RIDGEBACK
Origin: South Africa

GENERAL APPEARANCE:
Handsome, strong, muscular and active dog, symmetrical in outline, capable of great endurance with fair amount of speed. Mature dog is handsome and upstanding.

CHARACTERISTICS:
Peculiarity is ridge on back forced by hair growing in opposite direction to the remainder of coat; ridge must be regarded as the escutcheon of breed. Ridge clearly defined, tapering and symmetrical, starting immediately behind shoulders and continuing to haunch, and containing two identical crowns only, opposite each other, lower edges of crowns not extending further down ridge than one-third of its length. Up to two inches (5 cm) is a good average for width of ridge.

TEMPERAMENT:
Dignified, intelligent, aloof with strangers but showing no aggression or shyness.

HEAD AND SKULL:
Of fair length, skull flat, rather broad between ears, free from wrinkles when in repose. Stop reasonably well defined. Nose black or brown in keeping with colour of dog. Black nose accompanied by dark eyes, brown nose by amber eyes. Muzzle long, deep and powerful. Lips clean and close fitting.

EYES:
Set moderately well apart, round, bright and sparkling with intelligent expression, colour harmonizing with coat colour.

EARS:
Set rather high, medium size, rather wide at base, gradually tapering to a rounded point. Carried close to head.

MOUTH:
Jaws strong, with a perfect and complete scissor bite, i. e. the upper teeth closely overlapping the lower teeth and set square to the jaws. Well developed teeth, especially canines.

NECK:
Fairly long, strong and and free from throatiness.

FOREQUARTERS:
Shoulders sloping, clean and muscular. Forelegs perfectly straight, strong, heavy in bone, elbows close to body.

BODY:
Chest not too wide, very deep and capacious, ribs moderately well sprung, never barrel-ribbed. Back powerful, loins strong, muscular and slightly arched.

HINDQUARTERS:
Muscles clean, well defined, good turn of stifle, hocks well let down.

FEET:
Compact, well arched toes, round, tough, elastic pads, protected by hair between toes and pads.

TAIL:
Strong at root, not inserted high or low, tapering towards end, free form coarseness. Carried with a slight curve upwards, never curled.

GAIT/MOVEMENT:
Straight forward, free and active.

COAT:
Short and dense, sleek and glossy in appearance but neither woolly nor silky.

COLOUR:
Light wheaten to red wheaten. Head, body, legs and tail of uniform colour. Little white on chest and toes permissible, but excessive white hairs here, on belly or above paws undesirable. White toes undesirable. Dark muzzle and ears permissible.

SIZE:
Dogs 63 cm (25 ins) desirable minimum height at withers, 67 cm (27 ins) desirable maximum height at withers. Bitches 61 cm (24 ins) desirable minimum at withers, 66 cm (26 ins) desirable maximum at withers.

FAULTS:
Any departure from the foregoing points should be considered a fault and the seriousness with which the faults should be regarded should be in exact proportion to its degree.

NOTE:
Male animals should have two apparently normal testicles fully descended into the scrotum.

Eine vorbildliche Haltung

Deutsche Übersetzung Standard des Rhodesian Ridgebacks

Deutsche Übersetzung des 1. südafrikanischen Standards.

Übersetzung:
Jochen H. Eberhardt

ALLGEMEINES ERSCHEINUNGSBILD:
Ansehnlicher, kräftiger, muskulöser und aktiver Hund; symmetrisch in seiner Erscheinung; er kann bei entsprechender Geschwindigkeit sehr ausdauernd sein. Ausgewachsene Tiere sind ansehnlich und stattlich.

CHARAKTERISTIKA:
Einzigartig ist der Kamm auf dem Rücken, »ridge«; dessen Haare dem übrigen Körperhaar entgegengesetzt gerichtet wachsen; dieser »ridge« muß als das Erkennungsmerkmal der Rasse angesehen werden. Der »ridge« muß sauber abgegrenzt, spitz zulaufend und symmetrisch sein. Er beginnt unmittelbar hinter den Schultern und setzt sich bis zu den Hüfthöckern fort, er weist nicht mehr als zwei gleichförmige Kronen (crowns) auf, die einander gegenüberliegend angeordnet sind. Die unteren Ränder der »crowns« dürfen ein Drittel der Gesamtlänge des »ridges« nicht überschreiten. Bis zu 5 cm ist ein guter Anhaltswert für die Breite des »ridges«.

WESEN:
Erhaben, intelligent; Fremden gegenüber reserviert, jedoch ohne Anzeichen von Angriffslust oder Scheu.

KOPF UND SCHÄDEL:
Von angemessener Länge; Schädel flach, ziemlich breit zwischen den Behängen, in gelassener Stimmung frei von Runzeln. Entsprechend gut ausgeprägter Stop. Nase, im Einklang mit der Haarfarbe, schwarz oder braun. Bei schwarzer Nase dunkle, bei brauner Nase bernsteinfarbene Augen. Fang lang, tief und kräftig. Lefzen trocken und dicht abschließend.

AUGEN:
Mäßig weit voneinander angeordnet, rund, klar und strahlend, mit intelligentem Ausdruck. Die Augenfarbe ist passend zur Farbe des Haarkleides.

BEHANG:
Ziemlich hoch angesetzt, von mittlerer Größe, ziemlich breit am Ansatz, allmählich bis zu einer abgerundeten Spitze hin schmaler werdend. Dicht am Kopf anliegend getragen.

FANG/GEBISS:
Kräftige Kiefer mit einem perfekten, regelmäßigen und vollständigen Scherengebiß, wobei die obere Schneidezahnreihe ohne Zwischenraum über die untere greift und die Zähne senkrecht im Kiefer stehen. Zähne, insbesondere die Fangzähne kräftig ausgebildet.

HALS:
Ziemlich lang, stark und ohne lose Kehlhaut.

VORHAND:
Schultern schräg, trocken und gut bemuskelt. Absolut gerade, starke, mit kräftigen Knochen ausgestattete Vorderläufe; Ellenbogen dicht am Körper anliegend.

KÖRPER:
Brustkorb nicht zu breit, sehr tief und geräumig, Rippenkorb mäßig gewölbt, keinesfalls tonnenförmig. Rücken kraftvoll, Lenden kräftig, muskulös und leicht gebogen.

HINTERHAND:
Trockene, klar abgezeichnete Muskulatur, Kniegelenk gut gewinkelt, tiefstehende Sprunggelenke.

PFOTEN:
Kompakt, mit gut gewölbten Zehen, rund, strapazierfähig, gut elastische (gut gepolsterte) Ballen, durch Haarwuchs zwischen den Zehen und Ballen geschützt.

RUTE:
Am Ansatz stark, weder hoch noch tief angesetzt, sich zur Spitze hin verjüngend, niemals plump. Sie wird erhoben und leicht aufwärts gebogen getragen, jedoch niemals eingerollt.

GANGART/BEWEGUNG:
Gerade, frei und rege.

HAARKLEID:
Kurz und dicht, glatt und glänzend im Aussehen, jedoch niemals wollig oder seidig.

FARBE:
Hellweizenfarben bis rotweizenfarben. Kopf, Rumpf, Läufe und Rute von einheitlicher Farbe. Kleine weiße Abzeichen an der Brust und an den Zehen statthaft, jedoch ist viel weißes Haar an diesen Körperpartien, am Bauch oder oberhalb der Pfoten unerwünscht. Weiße Zehen sind nicht erwünscht. Fang und Ohren dürfen dunkel sein.

GRÖSSE:
Widerristhöhe für Rüden:
erwünscht mindestens 63 cm
höchstens 68,5 cm
für Hündinnen:
erwünscht mindestens 61 cm
höchstens 66 cm

FEHLER:
Jede Abweichung von den vorgenannten Punkten sollte als Fehler angesehen werden, dessen Bewertung im genauen Verhältnis zum Grad seiner Abweichung stehen sollte.

ANMERKUNG:
Rüden sollten zwei offensichtlich normal entwickelte Hoden aufweisen, die sich vollständig im Skrotum befinden.

Seiner Natur nach ist ein Ridgeback ein Wachhund. Fremden gegenüber zeigt er sich wachsam, bleibt aber tolerant und ausgewogen, wenn er nicht ernsthaft bedroht wird. Was seinen Schutztrieb angeht gibt es zwischen einem Ridgeback und einem »Kampfhund« große Unterschiede, der Ridgeback arbeitet mit Festigkeit und Intelligenz, weniger mit Kraft und Gewalt.

Der korrekte Ridgeback ist etwas länger als seine Schulterhöhe. Ein gutes Verhältnis zwischen Länge und Schulterhöhe ist 5 : 4.
Der Brustkorb eines ausgewachsenen Ridgeback sollte bis zu den Ellenbogen reichen, in eleganter Kurve nach oben verlaufen. Die Partie zwischen Rippenkorb und Kruppe sollte kurz sein.

Die Front sollte kraftvoll, nie zu breit sein. Ein runder Rippenkorb, sogenannte »Faßförmigkeit«, hindert bei der Jagd die Seitwärtsbewegung. Die Vorderläufe sind völlig gerade, mit starken aber eleganten Knochen. Man achte auf die aufgeknöchelten Pfoten. Der Ridgeback lange, kraftvolle Zehen, um galoppieren und klettern zu können.

Die korrekte Kruppe ist immer parallel zu einer ausgewogenen Hinterhand. Achte auf den Rutenansatz, hier verlaufen die ersten 15 cm völlig parallel zur oberen Linie und zum Boden.

Die Ohren werden beim aufmerksamen Ridgeback hoch getragen, dabei liegt der obere Bereich in gleicher Höhe mit dem Hinterkopf. Ein gutes Ohr ist dreieckig geformt, verjüngt sich zur Spitze, darf nicht abgerundet sein.

Der Rüdenkopf muß ausgesprochen maskulin wirken. Vergleiche diesen Kopf auch in der Färbung mit dem Kopf der Hündin. Dieser Rüde hat weniger schwarz am Fang. Aber beide Färbungen des Fangs sind von gleicher Qualität.

Der Kopf des Ridgebacks ist in Fanglänge wie Oberkopflänge gleich, auch die Breite des Oberkopfs entspricht genau diesem Maß. Hier sehen wir einen guten Hündinnenkopf, mit perfektem Stop und parallelen Linien von Nase und Oberkopf.
Foto: S. Clayborough, Norwegen

Bei der Front des Ridgeback muß das Brustbein (Pro-Sternum) von genügender Stärke sein. Achte auch auf die elegante, feminine Halslinie. Die Knochenstärke wirkt sehr ausgewogen. Die Laufknochen müssen immer ovalförmig, nie rund und schwer sein.

37

Kapitel Vier

BEURTEILUNG DES RHODESIAN RIDGEBACK

Und was passiert jetzt ?

Nachstehend versuche ich das, was der Rassestandard ausdrückt, besagt, in Bildern und einer einfacheren Sprache nochmals zu substantiieren.

Der Ridgeback ist ein stolzer, eleganter Hund, hat rechteckige, nie quadratische Körperproportionen. Der Ridgeback ist ein geradezu klassischer Jagdhund, deshalb achte man auf richtige Körperrelationen, Körperlänge zu Widerristhöhe 5 zu 4 (oder geringfügig, aber nicht viel mehr). Dies ist der Körper, der die wirksamste Fortbewegung erlaubt. Solche Proportionen braucht ein Hund, der über lange, ermüdende Entfernungen zu laufen hat, noch ehe überhaupt die Jagd beginnt. Das umfassende Wort einen guten Ridgeback richtig zu beschreiben lautet *Balance*. Der Hund muß stark, darf aber nicht zu schwer sein. Kraftvoll, nie aber plump. Elegant, nie aber schwach oder *greyhoundähnlich*. Ein schneller Hund, ohne der schnellste zu sein. Beweglich wie nur wenige andere Hunderassen, von großer Ausdauer und Energie.

Der Kopf des Ridgebacks ist der eines traditionellen Jagdhundes, gleiche Proportionen in Breite und Länge des Oberkopfs, Oberkopfbreite und Fanglänge. Achte immer darauf, die Proportionen betragen 1 zu 1 zu 1. Dann kennst Du die Ausgangsbasis. Zuzufügen wäre, daß der Fang kraftvoll sein muß, korrektes Gebiß, guter Stop. Die obere Linie des Oberkopfs und die obere Linie des Fangs verlaufen parallel. Niemals darf der Kopf des Ridgebacks dreieckig

wirken, weder von der Seite noch von vorne gesehen. Achte auch darauf, daß die Hündin deutlich feminine Linien, der Rüde ebenso deutlich die stärkere maskuline Ausstrahlung aufweist.

Jeder Jagdhund, jeder Laufhund braucht als wichtige Grundlage lange und hoffentlich gut trainierte Muskeln. Ein gesunder Ridgeback muß einen langen, in richtigen Proportionen stehenden Hals besitzen, keinesfalls zu dick und zu schwer, dazu eine schön geformte Front. Das *Pro-Sternum* oder Brustbein muß von der Seite gesehen klar zu erkennen sein. Die Läufe haben kräftige Muskulatur, genügend starke, nie aber schwere oder runde Knochen. Die Schulter muß korrekt zurückgelegt sein, einen Winkel von etwa 30 Grad mit einer imaginären Linie aufweisen, die von der Schulterspitze (*Scapula*) zum Boden senkrecht verläuft. Beachte auch die Erläuterung zum Bewegungsablauf.

Die Brust des ausgewachsenen Ridgebacks muß bis zu den Ellenbogen herabreichen. Um große Lungen und das Herz zu beherbergen, muß die Brust tief sein. Brust und Front dürfen aber nie zu breit sein, denn dies würde den Bewegungsablauf des echten Ridgebacks einschränken, dieser Bewegungsablauf ist besonders schnell, enthält nach jagdlicher Art nicht voraussagbare *Zick-Zack-Bewegungen*.

Der Rippenkorb muß genügend lang sein. Achte auf einen zu kurzen Rippenkorb und lange Lendenpartie (dem Teil zwischen Ende des Rippenkorbs

Der Ridgeback vereint im schnellen Bewegungsablauf Eleganz, Kraft und Muskulatur. Dies ist der Grund, warum auch im Ausstellungsring der Ridgeback immer in guter körperlicher Verfassung sein sollte.

und Hüfte), hieraus entsteht eine schwache Rückenlinie und weniger Ausdauer. Immer muß der Rippenkorb unten in einer eleganten nach oben gerichteten Kurve auslaufen.

Der *Ridge* bildet eine symmetrische Haarformation, die auf dem Rücken des Hundes in entgegengesetzter Richtung wächst. Der ideale *Ridge* beginnt direkt hinter den Schulterblättern und dehnt sich bis zu einem Punkt aus, der etwa oberhalb der Hüftknochen liegt. Zu Beginn und am Ende hat der *Ridge* zwei Wirbel (Whirls) - und zwar immer nur zwei, jede andere Zahl ist absolut unkorrekt. Diese Wirbel nennt man auch *Crowns (Krone)*, sie liegen symmetrisch auf beiden Seiten des *Ridge*.

Oberhalb dieser *Krone* findet man den *Arch (Bogen)*, einen symmetrischen, bogenförmigen

Ausgangspunkt des Ridge. Dieser *Arch* darf nie länger sein, als ein Drittel der Gesamtlänge des *Ridge*, *Arch* einbezogen. Zum Ende hin läuft der *Ridge* aus. Die Originalbreite des *Ridge* nach dem *Arch* beläuft sich auf 3-6 cm, je nach der Größe des Hundes.

Die Pfoten müssen ziemlich hoch sein, kräftige, gut aufgewölbte Zehen aufweisen, wodurch der Hund die Fähigkeit zum Klettern gewinnt. Kurze Zehen sind ebenso ein Fehler wie eine flache Pfote, die in der Bewegung zu weniger Ausdauer führt.

Wenn Du einen Ridgeback noch nicht in Bewegung gesehen hast, hast Du noch überhaupt keinen Ridgeback gesehen.

Unerläßliche Voraussetzung ist, daß die Winkelungen von Vor- und Hinterhand gleich sind, dadurch den Läufen glei-

41

Neben gleichen Proportionen von Länge Fang und Oberkopf und Breite Oberkopf muß der Fang klar umrissen sein. Nie darf er dreieckig wirken, weder von vorn noch seitlich gesehen. Die Augen müssen dunkel, die Nase schwarz sein.

che Bodendeckung (*Stretch*) für die Vor- wie Hinterhand ermöglichen. Man achte auch auf die Rutenwurzel, sie muß über die ersten 10-15 cm der Rute dick sein. Verläuft die Rutenwurzel in der langsamen Bewegung parallel zum Boden, ist die Kruppe normal ausbalanciert. Sowohl eine hoch angesetzte Rutenwurzel wie eine abgerundete, abfallende Kruppe mit niedriger Rutenwurzel sind Anzeichen für eine Schwäche im Kruppenbereich.

Immer solltest Du die Qualität der Kruppe des Ridgebacks sorgfältig beachten. Dabei ist die Rutenwurzel ein guter Maßstab,

dabei spreche ich nur über die entscheidenden 10-15 cm ab Rutenansatz, während mich die übrige Rute wenig interessiert. Bei einer steilen Kruppe ist die Rutenwurzel bei schnellem Trab des Hundes hoch gestellt. Fällt die Kruppe zu stark ab, verläuft die Rutenwurzel im Vergleich zu einer imaginären Ausdehnung der oberen Linie des Hundes nach unten.

Im Falle einer hoch angesetzten Rute und steiler Kruppe, tritt der Hund im Trab weit nach hinten aus, deckt aber unter dem Körper zu wenig Boden, verschwendet die letzten Zentimeter des langen Schubs der

Hinterhand zu einem Tritt in die freie Luft. Bei einer abfallenden Kruppe greifen die Hinterläufe des Hundes zu weit unter die Vorderläufe, häufig gerät der Hund dabei ins *schränken*, das heißt, er bewegt sich seitlich, um so Kollisionen zwischen Vorder- und Hinterläufen zu vermeiden. Dabei ist der Schub aus der Hinterhand auch zu wenig bodendeckend.

Ein richtig gut ausbalancierter Ridgeback deckt im Trab, wie jeder andere Hund ähnlichen Körperbaus, mehr Boden, greift in Vor- wie Hinterhand besser aus.

Ein gesunder, ausgreifender Trab ist nur einem Hund mit ausgewogenen Körperproportionen möglich, dabei muß der Körper länger als die Schulterhöhe sein. Achte deshalb auf die 5 : 4 Proportionen zwischen Körperlänge und Widerristhöhe.

Achte sorgfältig auf die Bewegung der Vorderläufe. Sie sollten sich weit ausgreifend bewegen, ohne vom Boden deutlich abzuheben, den Boden nahzu *streicheln*. Ein starkes Anheben der Vorderläufe - der berühmte *Hackney Gait* (ein Begriff aus der Pferdeterminologie) ist ein Hinweis auf eine zu gerade Front, die den Bewegungsablauf des Hundes ernsthaft hemmt.

Der Ridgeback ist ein ziemlich schneller Hund. Durch die Kombination mit den schnellen Seitwärtsbewegungen gehören Ridgebacks zu den schnellsten Hunderassen der Welt, was sich im Hundeleistungssport wie *Lure Coursing* (Nachjagen in Zick-Zack-Linien hinter einem künstlichen Hasen) klar ergibt (vergleiche Kapitel 7, der Ridgeback als Junghund).

Besonders wichtig ist es, daß die Vorderpfoten im Stand nicht zu stark nach außen stehen, auch daß von vorne gesehen die Front nicht zu breit ist. Der englische Begriff *Barrel Chest (faßförmige Brust)* ist ein deutliches Warnsignal vor unerwünschter Breite und Schwere der Brust.

Ein anatomisch gut aufgebauter Ridgeback kann sich auch bei sehr hoher Geschwindigkeit drehen und wenden. Dies war eines der Geheimnisse der Rasse, denen sie ihre Erfolge als Großwildjäger verdankten.

Fälschlicherweise wurde diese Fähigkeit zum Drehen und Wenden manchmal mit einem »kurzen und kompakten Körper« verbunden. Tatsache ist aber, daß die Ursache tatsächlich in der flexiblen Lagerung des Rippenkorbs besteht, aus diesem Grund darf der Rippenkorb weder breit noch rund - faßförmig sein, die Flexibilität ist Grundvoraussetzung für die Wendigkeit des Hundes. Im vollen Galopp bewegt der Ridgeback die Hinterläufe seitlich der Vorderläufe - fast wie ein Greyhound, dies erfordert einen hart arbeitenden, flexiblen Rücken. Beobachte sorgfältig Bilder eines Ridgebacks in vollem Galopp!

Zum Wesen des Ridgebacks schrieb der Begründer des Rassestandards Mr. F.R. Barnes: »Man sollte alle die Merkmale, die der Ridgeback so ausgeprägt zeigt, immer voraussetzen, nämlich: Schnelligkeit, Kraft, Mut, Treue und Liebe zum Herrn;

Der Ridgeback ist ein Hund, der sich in allen Gangarten hervor-
ragend bewegt. Zu den Rassemerkmalen gehört seine Fähigkeit, sich
auch bei hoher Geschwindigkeit drehen und wenden zu können.
Achte auf die flexiblen Schultern, die langen, aber dennoch kräftigen
Zehen, die niedrige Stellung der Front im Augenblick des Ab-
drehens.
Foto: J. Lorentzen, Dänemark

hinzukommt sein bemerkens-
wertes Geschick bei der Jagd auf
wilde Tiere.«

Der Mut ist mit seinen jagdlichen Fähigkeiten engstens verbunden. An dieser Stelle sollte
aber eine mögliche Fehlinter-
pretation des Begriffs *Mut*
(Courage) erfolgen. Der Ridgeback ist in aller erster Linie
smart - im Sinne von *klug, leb-*
haft, frisch. Völlig natürliche
Eigenschaften, die ihm bei seinen Aufgaben das Überleben
ermöglichen. Der Ridgeback ist
kein Hund, der sich kopfüber in
eine Gefahr stürzt - ja er meidet
sie. Viele der sogenannten *Ver-*
haltensteste gehen schief, wenn
man dabei den sogenannten *Mut,*
die Angriffslust eines Ridgebacks zu erforschen sucht, bei-

spielsweise erwartet, daß er auf
Angriff einen mit Schutzarm
versehenen Scheintäter angreift.

Eine kleine, aber wahre Geschichte aus einem großen Park
in New York besagt alles: An
einem späten Abend ging der
Besitzer mit seinem Collie und
mit seinem Ridgeback spazieren, als sich plötzlich ein *Zwei-*
metermann auf ihn stürzte. Der
Angreifer trat den Collie mit den
Füßen, der schreiend die Flucht
ergriff. Trotz Warnungen des
Hundebesitzers trat dann der
Angreifer nach dem Ridgeback
und so ging die Geschichte
weiter: Der Hund war einfach
nicht da, wohin der Angreifer
trat. Eine Sekunde später erschien er von der Seite, nagelte
den Angreifer gegen einen

Baum. Der war eigentlich gar nicht schwer verletzt - zumindest nicht körperlich - er blieb aber unbeweglich still stehen, bis die Gesetzeshüter hinzukamen und ihn arretierten.

Der Ridgeback ist ein toleranter Hund, Fremden gegenüber aber eindeutig zurückhaltend. Kindern gegenüber sind diese Hunde außerordentlich geduldig, werden sie aber dabei zu sehr mißhandelt, machen sie dem von sich aus ein Ende.

Dabei passiert meist wenig, höchstens ein kleiner blauer Fleck. Zu den anderen wichtigen Merkmalen des Ridgebacks gehört die Tatsache, daß sie sehr gute Schutzhunde sind, viel Selbstvertrauen haben. Im Ausstellungsring erwartet man von dem Ridgeback, daß er auf seine eigene Art neugierig ist, ohne sich gerade Richtern oder Ringhelfern gegenüber übermäßig begeistert zu zeigen. Ausgewachsene Ridgebacks sind nur äußerst selten Menschen gegenüber aggressiv, sollten es nie sein! Trotzdem kann es passieren - vor allem bei schlechter Erziehung - daß auch sie durch schlechtes Benehmen ihre Ausstellungschancen völlig ruinieren. Der grundlegende Fehler liegt dabei aber nicht beim Hund, sondern beim Hundebesitzer. Zeigt aber andererseits ein ausgewachsener Ridgeback deutliche Zeichen von Unsicherheit oder gar Angst, ist dies abzulehnen. Es ist nichts anderes als schlechtes Wesen - oder der Hund wurde wirklich sehr mißhandelt. Ich fürchte mich nicht vor einem sich auf diese Art schlecht benehmenden Ridgeback, er folgt ganz einfach den Grundregeln der Natur eines Hundes. Aber ich habe dennoch viele und sehr ausgeprägte Hemmungen, mich einem so starken Hund wie einem Ridgeback zu nähern, wenn er derartige Signale von Unsicherheit zeigt.

Voller Galopp

Ein ganz typischer Bestandteil des Wesens eines Ridgebacks ist auch sein sehr, sehr ausgeprägtes Gedächtnis. Behandle den Ridgeback gut und er wird sich für den ganzen Rest seines Lebens daran erinnern. Behandle ihn schlecht, und - genau das gleiche ist der Fall. Allerdings - dann zu Deinem Schaden! Und mit diesen Worten läßt sich der *Typ des Ridgebacks* gut zusammenfassen.

Im nächsten Kapitel werde ich die Fragen besprechen:
- möchte ich mir einen Welpen kaufen? Und wenn ja.....
- soll es ein Ridgeback sein?

Bei dieser Frage ergeben sich natürlich auch Überlegungen über das *Warum* und *Wofür*. Und je nach dem bedeutet dies nicht nur Verpflichtung, alles Erforderliche über die Rasse zu lesen, sondern sich auch eine ganze Anzahl von Tieren anzusehen, insbesondere die Elterntiere jeglicher in Erwägung gezogener Welpen.

Das Kapitel über die Beurteilung und Bewertung eines erwachsenen Ridgebacks möchte ich mit folgenden Ratschlägen abschließen:

Der Ridgeback gehört zu den sehr wenigen Hunderassen, möglicherweise ist er sogar die einzige, bei denen man sagen kann, seine *Funktionalität ist sein Typ*.

Der Rassestandard für den Ridgeback wurde weniger danach formuliert, wie er aussah, sondern was er leistete. Aus diesem Grunde solltest Du Einzelheiten bald wieder vergessen, etwa einige Millimeter Weiß,

ein Zentimeter zu klein oder zu groß, achte immer auf das Ganze! Die Züchter müssen bei ihrer Arbeit immer alle Aspekte beachten, beispielsweise über einen längeren Zeitraum die Größe der Rasse in der Balance zu halten. Ein einzelner Ridgeback muß natürlich trotzdem nach den Qualitäten, die er als Einzeltier besitzt, beurteilt werden.

Schaue auf die Länge des Körpers! Die Körperlänge entscheidet über den Hund, der sich besser bewegt. Ebenso wichtig ist die Kontrolle, daß Vorder- und Hinterhandwinkelung richtig sind, hieraus entstehen die schwebenden, nahezu katzenartigen Bewegungen. Und achte darauf, daß die Vorbrust kräftig genug ist, sie ist Grundlage für die Ausdauer des Hundes. Achte unbedingt auch darauf, daß das Einzeltier das richtige Wesen besitzt. Keinesfalls aggressiv, aber nicht notwendigerweise überfreundlich. Gewünscht ist der selbstbewußte, ja fast arrogante Hund.

Selbstverständlich gibt es beim Ridgeback auch absolut disqualifizierende Fehler. Zu hell in der Farbe, ohne Wärme der Farbe, oder zu dunkel, etwa Mahagonifarben ohne rote Nuancen, Silber oder gestromt, dies alles sind standardwidrige Farben. Im Ausstellungsring disqualifiziert fehlender Ridge oder jede andere Zahl als zwei für die *Crowns*, ebenso klare asymmetrische Plazierung. Auch übertriebenes Weiß, etwa auf dem Bauch oder den Innenseiten der Läufe, gehört zu den disqualifizierenden Fehlern, ebenso übertriebenes reines Schwarz mit Ausnahme von Fang und Ohrspitzen.

Dem möchte ich hinzufügen, daß außer diesen körperlichen und wesensmäßigen Merkmalen ein echter Ridgebacktyp auch immer ein Tier ist, das sich in guter körperlicher Kondition befinden muß. Die Muskeln sollten immer gut entwickelt und trainiert wirken. Und da der Ridgeback ein guter Läufer auf lange Distanzen ist, braucht er eher eine lange und elegante Muskulatur als kurze runde sprinterartige Muskeln.

Nach all diesem - halte Ausschau nach dem **echten Ridgeback**! Es muß ein Hund sein, der sich auch durchaus in die Großwildjagdhunde van Rooyen's eingliedern würde, oder bei ihm zu Hause, als Wächter seines Besitzes!

Der Trab des Ridgeback ist frei, leicht und elegant, die Vorderläufe bewegen sich ausgreifend, bleiben dicht am Boden. Hohe Haltung der Vorderpfoten schränken die Beweglichkeit ein, sind ein schwerer Fehler.

Kapitel Fünf

KAUF EINES WELPEN

Auch ich werde einmal groß !

Wenn Du bis jetzt noch kein Hundebesitzer bist, gibt es fünf Stufen der Willensbildung die Du durchlaufen solltest, um zum Hundebesitzer zu werden. Stelle Dir folgende Fragen:

1. Soll ich mir einen Hund kaufen?

2. Welche Hunderasse? In unserem Fall, wenn Du Dir einen Ridgeback ins Haus holen möchtest - warum?

3. Was sind meine Pläne, meine Träume, meine Ziele mit einem Junghund? Wenn die Antwort heute lautet - einfach als Spielgefährten - bist Du sicher, daß Du eines Tages nicht doch mit Deinem Hund züchten möchtest?

4. Worin liegen die Unterschiede bei einem Ridgebackwelpen?

5. Was muß ich über die ersten zehn Monate unbedingt beachten?

Nächste Frage die *Hundehaltung selbst!* Darüber sollte man sich wirklich ernsthaft Gedanken machen. Besonders wichtig - in die Entscheidung muß die ganze Familie einbezogen sein. Dabei setze ich einmal voraus, daß der geehrte Leser niemals in Erwägung ziehen wird, einen Hundewelpen einfach für ein Kind als Weihnachtsgeschenk zu kaufen.

Entschuldige einige persönliche Fragen, aber wie sind Deine persönlichen Lebensumstände? Wohnst Du in der Nähe eines Parks, draußen auf dem Land? Wie groß ist die Wohnung oder das Haus, in dem Du lebst? Wie jung sind Deine Kinder? Und gibt es jemand in Deinem Haushalt, der sich gerade in den ersten Monaten intensiv um Deinen Welpen kümmert? Lautet die Antwort zur letzten Frage nein, dann scheidet jeder Hundekauf aus. Ein Welpe kann und darf nicht über längere Zeiten alleine gelassen werden, dies gilt für die ganze Frühperiode des Aufwachsens.

Du solltest Dir auch darüber im Klaren sein, daß wir alle in unserem Leben Streßperioden haben. Bist Du richtig darauf vorbereitet, Deinem Hund gegenüber auch im Alltagsstreß ruhig und freundlich zu sein, wenn alles in Deinem Beruf oder Sportclub schiefläuft oder sonstige Ereignisse eintreten? Diese Frage stelle ich, weil kein Hund je dafür bestraft werden darf, weil wir menschlichen Zweibeiner ein stressiges Leben führen. Wenn Du aber weißt, daß Du Deinem Hund immer die richtige Haltung entgegenbringst, kann ich Dir garantieren, daß die Fürsorge für einen Hund zu den allerbesten Methoden gehört, sich selbst zu entspannen, ein neues Lebenswertgefühl zu entwickeln, im Bewußtsein, einen wirklich vertrauenswürdigen Kameraden zu haben.

Denke auch darüber nach, in einigen Berufszweigen können sich auch die praktischen Lebensumstände sich plötzlich verändern. Werde ich beispielsweise in Kürze befördert? Wenn ja, bringt dies mit sich, daß ich in ein anderes Land versetzt werde? Denke dabei an die Auswirkungen auf den Hund - so gibt es zum Beispiel im Mittleren und Fernen Osten Kulturen, die der Hundehaltung recht feindlich gegenüberstehen.

Denke auch an Länder wie England und Australien mit ihren Quarantänevorschriften - in meinen Augen »Verurteilung der Hunde zur Gefängnishaft auf Monate«, wenn sie das Land betreten. Gerade ein Ridgeback gewöhnt sich in seiner Jugend sehr schlecht an Quarantäneaufenthalte! Wenn Du beispielsweise weißt, daß Du über eine längere Zeitspanne nach England versetzt werden könntest, warum planst Du nicht gleich, dann Deinen Hund in England zu kaufen? Nach Kontinentaleuropa kommst Du dann mit Deinem Hund immer ohne irgendwelche Probleme wieder zurück!

Welche Rasse solltest Du wählen?

1. Denke immer daran, wie der Hund sein wird, wenn er ausgewachsen ist, nicht wie er als Welpe auf Dich wirkt.

2. Einige Rassen eignen sich sehr viel besser für das Leben in der Stadt, brauchen täglich weniger körperliche Bewegung. Verfalle dabei aber nicht dem Irrtum, daß beispielsweise ein Kleinhund, dessen Bewegungsbedürfnis natürlich sehr viel geringer ist als das eines Jagdhundes, persönlich doch weniger geistige Anregung und Bewegung durch seinen Menschen braucht.

3. Selbst unter den größeren Hunderassen gibt es doch viele recht bedeutsame Unterschiede - mehr, als man in der Regel denkt. Interessierst Du Dich für einen Rhodesian Ridgeback, sei Dir darüber im Klaren, daß dies eine sehr energiegeladene Rasse ist. Bereits vier bis sechs Wochen alte Welpen zeigen dies, und im Alter von acht Wochen, wenn der Käufer seinen Welpen mit nach Hause nimmt,

Den Augen eines Ridgeback kann niemand widerstehen. Trotzdem ist Deine wichtigste Verantwortung der Rasse gegenüber genau zu überprüfen, ob ein Ridgeback der richtige Hund für Dich ist. Ebenso wichtig ist die Frage, ob der richtige Zeitpunkt gekommen ist, einen Ridgeback zu kaufen.
Foto: T. Pederson, Norwegen

brauchen solche Welpen noch sehr viel mehr Bewegung. Ich kenne Fälle, wobei erfahrene Züchter gleichzeitig Würfe von Golden Retrievern und Rhodesian Ridgebacks hatten, beide gemeinsam aufzogen. Nach wenigen Wochen zwang das Bedürfnis der Golden Retriever nach Ruhe und Schlaf die Züchter, die Welpen zu trennen, Lebensfreude und Bewegungsbedürfnis der Ridgebacks erwiesen sich für die Goldens als viel zu hoch.

Es gibt auch praktische Überlegungen rund um einen Ridgeback. Ridgebacks sind kurzhaarig - aber diese Haare heften sich praktisch überall an, Du solltest deshalb nicht davon ausgehen, kurzhaarige Hunde seien immer pflegeleichter. Noch wichtiger, diese Großausgabe körperlicher und geistiger Aktivitäten! Ein Ridgeback braucht Stunden freier Bewegung, zumindest einige freie Bewegung und eine ganze Menge **täglicher** Spaziergänge! Die geistigen Anforderungen werde ich etwas ausgiebiger in Kapitel 7 - der Ridgeback als Junghund - behandeln.

Alle vorangegangenen Fragen mit ja beantwortet? Du hast alles verstanden, triffst Deine Entscheidung nach gründlicher Prüfung? Du möchtest Dir immer noch einen Ridgeback kaufen? Sei willkommen im Kreis der Glücklichen! Wir freuen uns auf Dich!

Foto: H. Spengler, Deutschland

Wie steht es mit der Frage Rüde oder Hündin? Dies möchte ich Dir eigentlich ganz alleine überlassen. Aber bei einem Ridgeback sind die geschlechtsbestimmten Merkmale recht ausgeprägt. Du mußt wissen, eine Hündin ist sogar noch mehr ein *wilder Hund*, sie ist Jägerin und Mutter. Mit aller Wahrscheinlichkeit wird sie auch auf eine endlos erscheinende Serie von eigenen Ideen, Schabernack und verrückten Abenteuern verfallen - vielleicht mehr als ein Rüde. In seinem Wesen ist der Rüde stabiler, wird es zumindest von Tag zu Tag. Er ist ein echter Lebensgefährte, der solide Wächter, *der Bursche, mit dem man am besten ein Bier trinken geht!* - das solltest Du allerdings nicht zu wörtlich nehmen! Natürlich ist der Hund am Ende immer Spiegelbild Deiner eigenen Interessen. Und gerade bei einer so munteren und lernfreudigen Rasse wie dem Ridgeback baust Du mit Deinem Freund, sei es Rüde oder Hündin, eine Kameradschaft auf. Und denke bitte immer daran - Kameradschaft ist immer eine zweibahnige Straße!

Du willst Deinen Hund einfach als *Familienhund*, zumindest hast Du das gesagt. Vielleicht möchtest Du auch einen natürlichen, gesunden Hund, der Deine Farm beschützt, sicherstellt, daß Du ein gutes und geschütztes Leben führen kannst. Einen Ausstellungshund brauchst Du überhaupt nicht. Keine Einwendungen! Allerdings solltest Du Dir vor Augen führen, daß Hundeausstellungen Wettbewerbe über das Vorhan-

densein aller in einer Rasse erwünschten körperlichen und geistigen Merkmale sind - keine reinen Schönheitswettbewerbe. Zumindest solltest Du daher vermeiden, Deinen Welpen von Eltern zu kaufen, über die es keinerlei Ausstellungsberichte gibt; das Fehlen solcher Bewertungen könnte deshalb gegeben sein, weil diese Eltern eben wichtige Mängel aufweisen. Richtig gesehen - hast Du Dich tatsächlich dafür entschieden, daß Du nur einfach einen Familienhund möchtest, dann könntest Du ja eigentlich genauso einen Ridgeback nehmen, der überhaupt keinen *Ridge* zeigt. Natürlich empfehle ich Dir dies nicht, aber dem Welpen selbst ist es völlig gleichgültig. Allerdings mußt Du wirklich sicher sein, daß Du Deinen Hund keinesfalls - weder zufällig, noch aus anderen Gründen - für die Zucht einsetzen wirst.

Nach meiner Terminologie wäre ein *Hund mit Ausstellungspotential* das, was Du Dir wirklich kaufen solltest. Lies diesen Satz richtig! Ich habe nicht gesagt, Du solltest Deinen Hund für Ausstellungen kaufen, noch empfehle ich Dir überhaupt erst, Dir einen Hund für Ausstellungen zu kaufen. Kein Mensch - die anerkanntesten Züchter der Welt eingeschlossen - kann Dir eine hundertprozentige Garantie geben, daß sich ein Welpe zu einem echten Ausstellungssieger entwickeln wird. Worauf es ankommt - suche einen Welpen, der keine größeren Fehler aufweist wie massive Farbabweichungen, geschweige denn die bereits

Leben in Deiner Familie Kinder, solltest Du sie mitnehmen, sie mit Ridgebacks bekannt machen. Sie müssen die Freundlichkeit eines Ridgebackjunghundes ebenso erfahren wie die Kraft eines ausgewachsenen Ridgeback, wenn man ihn an der Leine spazieren führt. Der Traum manchen jungen Familienmitglieds, mit einem ausgewachsenen Ridgeback spazieren zu gehen, ist zuweilen nicht realistisch.

sichtbaren körperlichen oder seelischen Funktionsmängel.

Wenn Dich - möglicherweise - eines Tages - Hundezucht doch interessieren könnte, solltest Du von vornherein in Betracht ziehen, auch einige Ausstellungen zu besuchen. Damit dies kein Reinfall wird, solltest Du - ehe Du Dir Deinen Welpen auswählst - hier etwas weiter lesen. Renommierte Verlage, Hundezuchtvereine oder der Nationale Ridgeback Club werden Dir Ratschläge geben, welche Spezialliteratur empfehlenswert ist. Dann solltest Du Hundemagazine kaufen, Ausstellungsergebnisse studieren. Achte dabei auf Dauererfolge!

Selbst die *Superstars* der Hundewelt werden nicht alle Hundeausstellungen gewinnen, die Rassen brauchen eine breite Zuchtbasis. Soweit verfügbar - beispielsweise in Deutschland - solltest Du die Richterberichte genau lesen. Achte darauf, ob bei einem der Elterntiere, von denen Du einen Welpen zu kaufen beabsichtigst, laufend ein bestimmter körperlicher Mangel erwähnt wird.

Dann solltest Du auch eine Reihe von Züchtern persönlich aufsuchen, Zeit damit verbringen, Dir die Elterntiere sehr genau anzusehen. Auch bei einigen Hundeausstellungen solltest Du anwesend sein, mit den Menschen rund um den Ausstellungsring sprechen. Zuhören! Fragen stellen! Kritisch sein! Natürlich werden die meisten Züchter ihre eigenen Hunde besonders hervorheben. Erinnere Dich daran, ich habe es bereits schon mal gesagt, solches

»Hervorheben« - ist im Grunde genommen keine Lüge, sondern einfach die Wahrheit, verbunden mit einiger Phantasie.

Halte Dich zurück bei *besonders modischen Typen* von den Kontinenten X, Y oder Z. Ja, es gab Perioden und es wird immer Perioden geben, in denen ziemlich extreme Einzeltiere besonderes Lob finden, eine ganze Menge Ausstellungen gewinnen. Aber diese *Typen* könnten auch Abweichungen von der Funktionalität sein, welche die Rasse auszeichnet, deshalb sollte man sie dann meiden.

Gerade in jüngerer Zeit gab es einige Tendenzen in Richtung auf *den eleganteren Typ*; man könnte dies auch als schlankere, dünnere, kosmetisch elegantere Ridgebacks nahezu von Greyhoundtyp sehen.

Dies alles sind Moden, die kommen und gehen, ebenso gab es vor einigen Jahrzehnten ausserordentlich massive *Versionen* in einer ganzen von Ländern. Ich habe den ernsthaften Glauben an die Weisheit und Überzeugungskraft der Parole *zurück zur Basis*, zurück nach Afrika, zurück zur Ausgewogenheit und zurück zur Funktionalität.

Was unterscheidet den Ridgebackwelpen von anderen Rassen? Ich habe bereits die hohe Intensität seines Lebensgefühls erwähnt, die Notwendigkeit von laufender - mit steigendem Alter vermehrter körperlicher und seelischer Erprobung. Der allerwichtigste Unterschied liegt aber darin, daß wir uns tatsächlich mit einer außerordentlich natürlichen Rasse befassen.

Ich habe dies auch schon als *Basic Dog* beschrieben. Beim Ridgeback sind die natürlichen Instinkte und Verhaltensmuster stark ausgeprägt. Wenn Du Hundesignale zu verstehen vermagst, liegt darin ein Vorzug. Es kann aber zum Problem werden, wenn Du Dich im Umgang mit einem heranwachsenden Ridgeback mit dieser Grundeigenschaft nicht vertraut machst.

Ich kenne einen Fall, daß eine junge Familie es nach drei Monaten Besitz eines Ridgebacks nicht wagte, ihr eigenes Schlafzimmer zu betreten. Der erst fünf Monate alte Junghund saß auf dem Bett, »knurrte gefährlich«.

Tatsache ist, diese Familie hatte dem Junghund gestattet, die Rudelführung zu übernehmen und der Rudelführer hatte das Schlafzimmer als sein eigenes *geheiligtes Territorium* festgelegt. Du solltest nicht sagen, Ridgebacks hätten einen schlechten Geschmack..... Der Hund hatte sich den allerbequemsten Teil seines Territoriums zum Eigentum gemacht, über das er herrschte.

Die Geschichte fand aber ein glückliches Ende! Der Junghund bekam neue Besitzer, diese Besitzer übernahmen das Kommando - freundlich und voller Verstehen - und dieser Junghund wuchs sich zu einem hübschen, gehorsamen, und angenehmen Ridgeback aus.

Kapitel Sechs

RATGEBER FÜR DIE WELPEN- AUFZUCHT

Foto: H. Spengler, Deutschland

Meine Empfehlung an alle Ridgebackbesitzer lautet, sich eingehend mit Literatur über hundliches Verhalten zu befassen oder auch Vorträge über die Sprache des Hundes zu besuchen. Das Signalsystem der Caniden, beispielsweise des Wolfes - ist erforscht, voraussagbar und bei einer so natürlichen Hunderasse wie dem Ridgeback noch sehr stark ausgeprägt. Besonders empfohlen sei hier: *Eberhard Trumler - DAS JAHR DES HUNDES*.

Die ersten zehn Monate in seiner neuen Umgebung sind für einen Hund die entscheidenden für sein ganzes Leben. In dieser Zeit bildet sich eine normale Beziehung mit jedem einzelnen Familienmitglied - oder aber es bauen sich Langzeitprobleme auf.

An dieser Stelle müssen wir zunächst zwei absolut zwingende Erziehungsgesetze für Ridgebacks verankern:

1. Dein Hund muß *die Gesetze kennen (Know the rules)*, ebenso muß er es später *lieben, mit Dir zu arbeiten*. Der Rhodesian Ridgeback ist nie im herkömmlichen Sinne ein *Obedience Dog*, ein Hund für Leistungsprüfungen in Unterordnung; er ist keine Marionette, die blind Befehle ausführt.

Wenn Du unbedingt möchtest, daß einjeder Deiner Befehle

Ein Junghund braucht und liebt frische Luft. Dabei muß man immer auf alle Gefahren des Straßenverkehrs achten.
Ein stabiler Zaun, z. B. so wie auf diesem Foto, bedeutet kein Eingesperrtsein des Welpen, sondern dient nur seinem eigenen Schutz und Deiner Beruhigung.

sofort und in allen Einzelheiten ausgeführt wird, solltest Du Dich für eine andere Hunderasse entscheiden.

2. Es sind die ersten sieben bis zwölf Monate im Leben eines Ridgebacks, in denen er lernt, mit Dir zu leben, sich nach Deinen Wünschen zu richten. Dies ist aber nicht der Zeitabstand, in dem Du Deinem Hund kompliziertere Aufgaben wie beispielsweise Übungen für Unterordnungswettbewerbe beibringen solltest. Damit möchte ich nicht sagen, daß junge Ridgebacks nicht zu lernen vermögen, daß sie in ihrer Jugend nicht durchaus sogar sehr viele Dinge beherrschen lernen, alles aber sollte ihnen dabei *im Spiel* beigebracht werden.

Unter dem Begriff *Jugend (Early life)* verstehe ich, wenn man im Idealfall *im Spiel erzieht*. Das Schlüsselwort dieser Erziehung lautet in erster Linie - *dem Hund immer Freude an der Aufgabe zu vermitteln.*

3. Die moderne Hundeverhaltensforschung lehrt, daß es zwischen den Hunderassen beachtliche Unterschiede und auch innerhalb der einzelnen Hunderasse sehr unterschiedliche Einzeltiere gibt. Es liegt beim Besitzer oder Ausbilder, seine Techniken, manchmal auch seine Erwartungen dem Einzelhund anzupassen, ihn nicht in eine starre Erziehungsschablone hinein zu pressen.

Die ersten paar Tage sind in vielen Fällen besonders wichtig.

Von Anfang an muß festgelegt werden, ob das Sofa dem Territorium des Ridgeback zugeschlagen wird. Schlechte Angewohnheiten wirken manchmal süß, man wird sie aber schlecht wieder los. Ridgebacks können durchaus »ihr Sofa« von den übrigen Möbeln unterscheiden, wenn sie von jung an hierzu erzogen werden.

In diesem Zeitraum entstehen die *guten* oder *schlechten Gewohnheiten*. Beispielsweise gibt es im neuen Zuhause einen Lebensraum, zu dem der Hund keinen Zutritt erhält (*No-Entry Territory*). Lege dies rechtzeitig fest und sei dabei konsequent. Als Beispiel erwähne ich Schlafzimmer und Bibliothek. Hier solltest Du dem Junghund nie gestatten einzutreten, denke daran, gebrauche immer ein einfaches Kommando, immer dasselbe bei allen Familienmitgliedern - beispielsweise *Nein (No)*. Am besten wendest Du den Junghund einfach freundlich um und lenkst seine Aufmerksamkeit auf irgend etwas anderes.

Mache keine Kompromisse! Alle Unsicherheiten erkennt der Hund sofort. Wenn er beispielsweise über die ersten Nächte jammert, rate ich dringend, ihn nicht ins Bett oder auf das Sofa zu holen. Wenn Du dies nicht beachtest, solltest Du Dich auf einen netten 35 - 40 kg Schlafgenossen für das kommende Jahr vorbereiten. Weise dem Hund seinen Schlafplatz zu, gib ihm meinethalben einen altmodischen Wecker (*Tick-Tack-Alarmwatch*), dies lenkt ihn etwas ab, bereite Dich aber vorsichtshalber darauf vor, über die ersten zwei bis drei Nächte wenig Schlaf zu finden. Es zahlt sich aber aus! Der gute alte Rat, daß ein gemütlicher Schlafplatz für einen kleinen jungen Hund ein behagliches Zuhause bietet, ist immer wiederholenswert. (Anmerkung der Übersetzer: in jüngerer Zeit wurden hervorragende Eingewöhnungsergebnis-

se erzielt, indem man den sogenannten *Schlafkäfig* für den Hund als Lieblingsplatz installierte).

Überlasse es dem Hund, sich von seinem Territorium *eine eigene Landkarte aufzuzeichnen*. Je schneller ein Junghund es wagt, seine neue Umwelt zu erkunden, um so weltoffener wird er. Dabei solltest Du anfangs immer den Welpen begleiten, ihn von den *verbotenen Bereichen (no-entry)* fernhalten. Dann geht es darum, die eigene Kommunikation zum Hund aufzubauen. Wie bei allen Kommunikationen, es ist vollkommen unwichtig, was Du glaubst, was Du Deinem Hund gesagt hast oder ihm durch Signale überträgst, das Entscheidende ist, was nach klarem Wissen auch beim Hund angekommen ist. Deine Körpersprache, Dein Gesichtsausdruck sind viel stärkere Kommunikationsmittel als Deine Stimme.

Immer mußt Du die eigene Stimme unter Kontrolle haben, müssen Deine Körpersignale für den Hund leicht zu lesen sein - bleibe immer ruhig und ausgeglichen! Denke daran, der Rudelführer ist nicht der, der am lautesten brüllt, sondern der es verdient, daß man ihm gehorcht.

Ein zu den Caniden gehörendes Tier braucht eine strikte soziale Ordnung, die sogenannte Rudelordnung, sie gibt ihm Stabilität und Selbstbestätigung. Dies alles ist natürlich auch zum Vorteil des Menschen. Du mußt Dich (und Deine Familie) zum Rudelführer machen, niemals solltest Du aber den Versuch unternehmen, einen älteren Junghund zu zwingen, ein kleines

Kind als Führer anzuerkennen. Hier ist es vernünftiger, beide sind Freunde, stehen auf gleicher Rangordnungsstufe.

In diesem Frühstadium löst Du für den Junghund seine Probleme, lobe ihn tüchtig, baue Deine Stellung als Rudelführer aus. Ohne eine solche Ordnung hätte der Junghund eine schwierige Zeit. Später dann änderst Du nach und nach Dein Verhalten, läßt den Junghund selbst seine Probleme lösen, beispielsweise läßt Du die Leine los, wenn er sich damit um einen Baum verfangen hat; immer erhält er tüchtiges Lob, wenn er ein Problem gelöst hat.

Es folgen jetzt einige Punkte, die manchmal in sich Probleme haben, wo man genau die Erziehung abwägen muß. Beispielsweise denke ich daran, dem Hund beizubringen, alleine zu Hause zu bleiben. Hierbei beginnt man mit sehr kurzen Perioden, dehnt sie dann weiter aus. Ich empfehle parallele Übungen auch dahingehend durchzuführen, daß der Hund lernt, alleine in Autos zu bleiben. Gleichzeitig muß man aber sorgfältig jedes Signal des Hundes beachten, wenn dieser sich zu wenig beschäftigt fühlt. Ein Ridgeback braucht - wie schon zuvor mehrfach erwähnt - sehr viel geistige Stimulation. Wenn Du Deinen Junghund aktivierst, solltest Du darauf achten, nicht zu häufig die gleichen Stimulanzen oder Erziehungsübungen (vergleiche Kapitel 6) wiederholen.

Freies Spiel mit älteren Hunden ist eine wichtige Erziehung. Dabei lernt der Welpe Kraft zu respektieren, Rudelsignale der hundlichen Gesellschaft zu verstehen. Der Junghund links zeigt deutlich daß er die Autorität des ausgewachsenen Hundes respektiert.

Ein Ridgeback hat manchmal wenig Geduld und sehr leicht reagiert er auf ständiges körperliches oder stimmliches Wiederholen recht negativ.

Unbedingt solltest Du darauf achten, daß eine ganze Reihe Stimulanzen auch zum Erziehungsbestandteil werden können. Beispielsweise das Erziehen zur *Problemlösung*. Ich denke da an ein Spiel mit dem Titel: Unter welcher der umgestülpten Tassen liegt der kleine Leckerbissen? Dies ist ein ganz einfaches Spiel, das den Junghund aktiv hält, ihn dazu erzieht, alle seine Sinne zu nutzen. Manchmal darf er dem *Verstecken* mit den Augen folgen, manchmal ist er auf den Gebrauch seiner Nase angewiesen.

Erziehe den Junghund zum sozialen Spiel. Er muß viele Hunde, viele Menschen treffen, in einer völlig normalen, modernen Gesellschaft leben. Sozialverhalten entwickelt sich außerordentlich früh. Deshalb ist es eine reine Vorsichtsmaßnahme, daß der Junghund bereits die *Sprache* älterer Hunde erlernt und auch größere und stärkere Hunde respektiert. Schnell wird er sich nach dem korrekten hundlichen Signalsystem richten, sich mühelos in die *Hundegesellschaft* Deiner Nachbarschaft einfügen.

Genau das gleiche gilt für Menschen. Achte darauf, daß der Hund sich an Menschen als *angenehme Erlebnisse* in seiner Umwelt gewöhnt, dann kommt es nicht zu irgendwelchen Unsicherheiten. Bei der Begegnung mit Kindern solltest Du ganz besonders aufmerksam sein.

Niemals darf der Junghund zu rauh mit Kindern spielen denn daraus könnten zwei schlimme Dinge erwachsen.

Läßt man beispielsweise den Welpen an den Kleidern der Kinder ziehen, könnte manches kleine Kind Angst vor Hunden entwickeln. Auf der anderen Seite betone ich immer, daß Hunde meist Kindern gegenüber netter sind als Kinder zu Hunden. Deshalb darfst Du auch nie zulassen, daß sich ein Kind gegenüber einem Hund schlecht benimmt - dies gilt übrigens auch gegenüber jedem anderen Lebewesen. Dies gilt natürlich ganz besonders für Deine eigenen Kinder. Indem Du einen Hund ins Haus geholt hast, hast Du hier eine eigene Verantwortung übernommen - es muß das Gesetz gleicher Bedingungen und gegenseitiger Fairneß aufgebaut werden.

Zum Abschluß möchte ich einmal annehmen, Du gehörst zu den Lesern, die auch die Möglichkeit erwägen, eines Tages ihre Hunde auf Ausstellungen vorzustellen. Hierzu bedarf es vor allen Dingen einer Ausstellungserziehung, darunter verstehe ich aber nicht, den Junghund in einem imaginären Ring herumzuziehen, vielmehr muß er sich daran gewöhnen, angefaßt und vorgeführt zu werden.

Wenn Dich Freunde besuchen, solltest Du sie nach einiger Zeit bitten, einmal einen schnellen Blick auf die Zähne Deines Junghundes zu werfen, ihn auch anzufassen. Danach erhält er einige Leckerbissen.

Keinesfalls solltest Du auf einer großen Hundeausstellung

Junghunde brauchen viel Spiel - und auch sehr viel Ruhe, wobei man sie nicht stören darf. Beim Spiel muß alles einfach und natürlich verlaufen. Du brauchst kein kompliziertes Spielzeug, um Deinen Junghund richtig zu halten. Ein Ball bereitet immer viel Spaß - viel wichtiger ist, daß Du selbst dem Hund genügend Zeit widmest.

Dein Ausstellungsdebüt mit Deinem Hund versuchen. Im Idealfall beginnt man auf einer Veranstaltung im Freigelände und achtet unbedingt darauf, daß dies alles dem Welpen Spaß macht. Ein Junghund der die Ausstellungsumwelt als etwas Negatives, für ihn einfach Langweiliges erfahren hat, wird nie ein großer Sieger werden, selbst wenn er in seinem Körperbau nahezu vollendet wäre.

In einigen Länder gibt es *Wesenstests* für bestimmte Hunderassen - einschließlich Ridgebacks - das sollte man rechtzeitig wissen. Schau Dir einmal einen solchen Test an, versuche vor allem, ihn zu verstehen. In den allermeisten Fällen sehen wir keine echten *Beschreibun-* gen der geistigen Entwicklung, vielmehr einen *Test der Erziehbarkeit*. Am besten bereitest Du Deinen Junghund frühzeitig auf solche Tests vor, erziehst ihn dazu immer unter positiven Umständen. Nach meiner persönlichen Meinung sind derartige *zwingende* Tests etwas unglücklich, das gilt jedoch für jeglichen Zwang im Leben. Es gibt aber bestimmte Regeln, die in unserer Gesellschaft beachtet werden müssen.

Wenn Du auf Hundevereine stößt oder auf Gruppierungen, die derartige Untersuchungen der geistigen Entwicklung der Hunde durchführen, solltest Du Dich an solchen Tests beteiligen. Es ist wichtig - wahrscheinlich mehr für den Besitzer als für den Ridgeback selbst - daß man das tatsächliche Verhaltensmuster der Rasse und des Einzeltiers versteht. Mehr zu dieser Frage im nächsten Kapitel.

Wichtige Erziehungsratschläge

Hinsichtlich der Einzelheiten über die Erziehung eines Junghundes empfehle ich Spezialliteratur (Kynos Verlag: Heinz Gail - *1 x 1 der Hundeerziehung,* John Rogerson - *Hundeerziehung... tierisch gut,* Dr. Roger Mugford - *Hundeerziehung 2000*). Hier einfach als Starthilfe einige gezielte Hinweise:

1. Immer solltest Du die Erziehungsgrundsätze mit Liebe vermitteln. Je positiver die Stimmung, desto fröhlicher der Welpe. Aber - ein Hundeleben ohne Regeln vermindert sein Sicherheitsgefühl. Regeln sind notwendig, aber nie zu frühe strenge Unterordnungserziehung.

2. Die gesamte Familie muß immer die gleichen Kommandoworte und Zeichen verwenden, weiterhin sollte man die verbotenen Territorien im Haus gemeinsam festlegen und beachten.

3. Vergiß nie, Gehorsam mit einigen Freiheiten zu vermischen. Hunde, die zu Beginn ihres Lebens zuwenig Freiheit in ihrer Bewegung erfahren, wer-

Es ist wichtig, daß das »neue Baby« im Haus einige Grundregeln lernt, wo es sein darf, wo nicht. Hierzu bedarf es klarer Signale, was erlaubt und was verboten ist, aber auch besonders, wo der Hund seinen eigenen Platz findet.
Foto: H. Spengler, Deutschland

den manchmal in ihrem späteren Leben leichter zu Streunern (*Runners-away*).

4. Gebrauche immer weiche und freundliche Handsignale. Willst Du beispielsweise Deinen Hund zum »Sitz« erziehen, solltest Du sanft den Rumpf nach unten drücken, absolut gleichzeitig begleitet vom Deinem Kommando »Sitz!«. Keinesfalls solltest Du den Hund gewaltsam in dieser Position halten, oder das Sitzen auf Kommando wird für den Hund zur negativen Erfahrung.

5. Ehe Du mit normaler Leinenerziehung beginnst, muß der Welpe genügend Zeit haben, sich an das Halsband zu gewöhnen. Keinesfalls darfst Du den Welpen zwingen, an Deiner Seite zu folgen. Vielmehr laß ihn sich einfach daran gewöhnen, sich an der Leine zu bewegen. Wenn der Hund zieht, übermittle ihm freundliche Signale, aber niemals darfst Du ihn gewaltsam umherziehen. Auch hier gilt, daß der Gehorsam nur aus einer positiven Stimmung erwachsen soll.

6. Lehre den Hund, von seinen »Abenteuern« zu Dir aufgrund eines stimmlichen Signals zurückzukehren. Der Ridgeback ist ein Jagdhund und Du mußt frühzeitig zur Sicherheit Deines Hundes in der Lage sein, ihn zu Dir zu rufen, selbst während der Jagd. Keinesfalls solltest Du dem Hund auf seinen Exkursionen nachlaufen. Warte immer, bis er zu Dir zurückschaut, unternehme dann einige Schritte vom Hund weg und rufe ihn zu Dir. Laß Dir Zeit, denke daran, den Hund immer tüchtig zu loben, wenn er zurück kommt.

7. Immer mußt Du mit Deinem Hund sprechen, ihm klar machen, was Du wirklich möchtest. Hierzu bedarf es viel Ruhe und Geduld und Einfühlungsvermögen.

8. Erwarte nicht, daß Dein Welpe perfekt wird. Du hast alles erreicht, wenn Dein Junghund die Grundregeln kennt, dabei aber ein neugieriger, munterer Junghund bleibt, allem gegenüber aufgeschlossen, voller Vertrauen zu seinem Menschen.

Mir geht es gut.

Kapitel Sieben

DER RIDGEBACK ALS JUNGHUND

Bei der Erziehung sollte man den Junghund nie überfordern.

Wenn ich von einem *Junghund* spreche, dann gehe ich von einem Alter von etwa zwölf Monaten aus. Dies ist das Alter, wo in vielen Ländern Hunde zur *Junior Class* auf Ausstellungen zugelassen werden, in einigen Ländern liegt das Zulassungsalter bereits bei neun Monaten.

Ich verstehe also unter Junghund keinen ausgewachsenen Ridgeback. Eine Hündin ist körperlich wie seelisch irgendwann zwischen einem Alter von achtzehn Monaten und über zwei Jahren ausgewachsen. Bei einem Rüden ist nur in seltenen Fällen vor etwa dem dritten Lebensjahr der Wachstums- und Reifeprozeß abgeschlossen. Die voraussichtliche Widerristhöhe erreicht ein Ridgeback im Normalfall bei Hündinnen etwa zwischen neun und zwölf Monaten, bei Rüden etwas später. Aber auch nach dieser Zeit reifen sie weiter aus, gewinnen mehr Stabilität.

Unter dem Kapitel Gesundheit habe ich mich etwas eingehender mit der Ernährung befaßt. Aber bereits hier möchte ich klarstellen, daß jeder gesunde Hund *genetisch für eine bestimmte Widerristhöhe programmiert ist,* diese Größe erreicht der gesunde Hund ohne irgendwelche Überfütterung oder den Einsatz von hochproteinhaltigem Hundefutter. Man sollte dem Hund für sein Wachstum die normale Zeit zubilligen.

Ehe ich mich eingehender mit der Erziehung befasse, wobei ich für die ohnedies schwierigeren Fragen der Erziehung für Ausstellungs- oder Leistungssieger auf die Expertenliteratur

hinweise - hier noch einige Beobachtungen über typisches Verhalten des Rhodesian Ridgebacks.

Die Erforschung rassespezifischen Verhaltens auf wissenschaftlicher Grundlage steckt heute noch absolut in den ersten Kinderschuhen. Interessante Arbeiten wurden von den Wissenschaftlern Hart, Murray, Hahs, Cruz und Miller durchgeführt, im Jahre 1983 in der *University of Pennsylvania Press »Breed-Specific Behavioural Profiles of Dogs: Model for a Quantitative Analysis«* veröffentlicht. Diese Materialsammlung empfehle ich jedem ernsthaften Hundeliebhaber.

Eines der Motive der Forscher für dieses Studium war die Frage, wie weit das Verhalten des ausgewachsenen Hundes *vorhersagbar* sei. Diese Studie umfaßt Elemente wie »Reizbarkeit«, »Wert als Wachhund« oder »Erziehbarkeit zur Stubenreinheit«. Die Reizbarkeit führte der Foxterrier an, gefolgt vom West Highland White Terrier und dem Schnauzer. Der Schnauzer stand an der Spitze der Liste der Wachhunde, vor dem West Highland White Terrier und dem Scottish Terrier. Meines Wissens wurden Rhodesian Ridgebacks bisher nicht in Tests mit echter wissenschaftlicher Qualifikation einbezogen.

Eine klassische Bemerkung, der ich mich selbst gegenübersah, als ich Ridgebacks auf Standardtests vorführte, lautete: »Dieses Verhalten paßt in keines unserer Verhaltensmuster.« Meine Antwort lautete in der Regel:

»Dann ist es ein typischer Ridgeback!« Hierbei spreche ich von den Wesenstests, die der Schwedische Kennel Club vor einer Reihe von Jahre obligatorisch einführte, ehe einem Ausstellungssieger das Schwedische Championat zuerkannt wurde. Nach ernsthafter Überprüfung wurde dieses System abgeschafft, da es zur kynologischen Entwicklung nichts beigetragen hatte.

Erregbarkeit und Kampftrieb. Ja, verschaffe dem Ridgeback die richtigen Voraussetzungen, laß ihm genügend Auslauffreispiel, habe Spaß daran, daß sie alte Kleider untereinander zerfetzen dann haben sie einen großartigen Tag. Du solltest aber nie versuchen, diese Hunde mit etwas sie nicht Erregendem aufzuregen. Aller Wahrscheinlichkeit nach werden sie sich die Sache ansehen, Dich dann anschauen, als wollten sie

sagen: »Keine Gefahr. Was soll ich denn nur mit diesem Stück Stoff anfangen?« (Anmerkung der Übersetzer: Hetzarm).

Eine andere wichtige Lektion stammt aus Dänemark, hier bewährte sich ein Ridgeback mit einem außergewöhnlichen Besitzer bei der militärischen Polizeihundeausbildung besonders gut.

Das einzige Problem entstand, als der Ridgeback das Kommando erhielt, einen gepolsterten Arm oder Hetzanzug anzugreifen. Er schaute sich dies an und bedeutete: »Dies hätte doch überhaupt keinen Zweck!«, griff dann an einem Körperteil an, der in keiner Weise geschützt war.

An dieser Stelle möchte ich mich jetzt noch mit einigem Sport und Spielen befassen, beispielsweise mit dem *Lure Coursing*. Beim Lure Coursing folgt der Hund einem Köder, norma-

Junge Hunde und Kinder kommen gut miteinander zurecht. Voraussetzung ist immer, daß die Eltern beiden gleiche Zuneigung geben.

lerweise einem sich schnell bewegenden Plastikbeutel, so genau und so schnell wie irgend möglich. Erstmals sah ich in den USA 1986 derartiges professionelles Coursing. Es verursachte bei mir Gelächter und war hoch interessant. Einige Ridgebacks hatten dabei die Möglichkeit, schon zuvor das Lockmittel, den *Lure*, zu sehen, es war ein Plastikbeutel. Als dieser abflog schauten sie ihm nach, schauten auf ihren Führer und meinten eindeutig: »Kein großer Verlust!« Ein oder zwei Ridgebacks liefen aber die volle Strecke. Zur Erklärung, die Coursingbahn beginnt und endet mit parallelen Geraden, wo sich die Course (rote Kabel) treffen, beim zweiten Mal liefen die Hunde zum Ende der einen parallelen Bahn, hielten an, warteten, bis der *Lure* seine Bahn gelaufen war und packten ihn, als er ankam, von vorn.

Das für die Rasse wichtigste Element bei allen derartigen Spielen ist immer, wie weit die Aufmerksamkeit des Hundes geweckt wird (*Scaringelement*). In einigen Fällen verwendet man Metall und erzeugt damit Geräusche, in anderen Fällen werden in Richtung Hund plötzlich Schirme aufgespannt, verbunden mit Lärm und Kreischen. Das natürliche Verhalten eines Ridgebacks ist Ausweichen nach hinten und sofort seitlich wieder auftauchen. Das Rückweichen geht immer nur soweit, daß der Hund sicher sein kann, daß er sich außerhalb der unmittelbaren Gefahrenzone bewegt.

Rassetypisch bewegt sich dann der Ridgeback halbkreis-

förmig wieder nach vorne, immer bereit, auch von der Seite wieder zurückzuweichen, dann von hinten zu kommen oder gleich aus welchem Winkel. Für die Rasse untypisch ist der direkte Weg in Richtung auf die Störung (*Scare*).

Vielleicht sollte ich hier zur Erläuterung noch ein wahres Beispiel typischen Ridgebackverhaltens anfügen. Mein allererster Rüde sah einmal in einer Gruppe von lärmenden und etwas auffälligen jungen Leuten ein »Risiko«. Es war nachts, mitten im Winter und es schneite heftig. Mein Rüde war offensichtlich etwas unsicher, nicht hinsichtlich seiner Fähigkeiten, sondern meiner. Deshalb bewegte er sich mit einer schnellen Körperbewegung gerade rückwärts, verschwand damit aus dem Licht einer nahestehenden Laterne in den Schnee. Sofort erschien er von der anderen Seite wieder, im Laternenlicht waren nur sein Kopf und seine Zähne zu sehen. Überflüssig zu sagen, daß ich mich danach völlig frei von Gefahren fühlte, nur sehr allein mit einem Ridgeback.

Wenn man die erwähnten Tests mehrfach wiederholt, stößt man im Normalfall noch auf ein anderes Verhaltensmuster. Der Ridgeback hält an und meint: »Ich habe das schon mal gesehen!«, gähnt und demonstriert völlige Langeweile.

Zu den typischsten Merkmalen des Verhaltens eines echten Ridgebacks gehört es nun einmal, sich niemals Hals über Kopf in eine Gefahr zu stürzen. Das andere Merkmal ist, daß er

Fremde niemals stürmisch begrüßt, nicht ängstlich ist, aber wenig Interesse zeigt.

Dieses sehr typische Verhalten der Rasse wurde schon mehrfach kommentiert: *»Dem heutigen Ridgeback fehlt einfach der richtige Kampftrieb!«*. Die Familie Megginson vom Rhodesian Ridgeback Club of Transvaal, RSA, hat neben vielen anderen echte, aus dem Leben gegriffene Tests mit sogenannten *Ridgeback-Schoßhunden (lap Ridgebacks)* durchgeführt, vor laufender Kamera in einer ersten Begegnung mit echtem Großwild. Man sagte mir, solche *Ridgeback-Schoßhunde* bevorzugten nun einmal, im behaglichen Bett zu schlafen. Und wie waren die Reaktionen? Auf der Stelle ausweichen, wachsam und auf der Hut, mutig und dabei sehr geschickt und klug.

Der über viele Jahre als Vorsitzender und als Sekretär des *Parent Club* in Harare, Simbabwe bewährte S.M. Wallace, erinnerte immer an eine wahre Geschichte über einen Ridgeback, der in der Wildnis von Simbabwe verloren ging, Wochen über Wochen im Busch verbrachte, schließlich gefunden und nach Hause gebracht wurde. Er war in einer körperlichen Kondition, um bei seiner nächsten Ausstellung den Titel *Best of Breed* gewinnen zu können. Offensichtlich hatte er mit seiner Ernährung in der Wildnis keinerlei Probleme.

Ich habe das Kapitel mit dieser Beschreibung eröffnet, um Dir ein wahres Bild aufzuzeigen, was Du erwarten kannst - und auch was Du nicht erwarten sollst. Halte Dir vor Augen, daß gerade bei einem Junghund alle diese Eigenschaften von Vorsicht und Klugheit, geschickter Meidung von Gefahren und ähnlichem besonders ausge-

Die Sozialisierung des Junghundes ist äußerst wichtig. Spaziergänge gemeinsam mit anderen Hundefreunden wirken sich sozial immer positiv aus. Am besten ist es natürlich, wenn man solche Spaziergänge mit anderen Ridgebackbesitzern durchführen kann.

prägt sind. Diese Eigenschaft, in Kombination mit der wenigen Geduld, anders ausgedrückt, mit der Neigung eines Ridgebacks, sehr schnell überdrüssig werden, dazu laufendes Interesse am Neuen, nicht Alten, immer nur neue Eindrücke: Das ist die Plattform, von der aus Du Deine Arbeit der Erziehung beginnst.

Wie ist denn der Rhodesian Ridgeback als Wachhund? Es gibt keinerlei Notwendigkeit, seinen Junghund als Schutzhund auszubilden, hierfür hat er ererbte Talente. Ein Ridgeback ist ein wunderbarer, natürlich veranlagter Wächter, deshalb ist er auch niemals seinem Wesen nach aggressiv oder hat auch nur eine Neigung zum Angriff und Schadenstiften - wenn es nicht absolut notwendig ist. So sollst Du den Junghund lehren, mit normalen Menschen ein normales Leben zu führen. Das ist die einzige vernünftige Erziehung, die Du Deinem Ridgeback als Wachhund gewähren sollst.

Eine vernünftige Grunderziehung ist immer leichter, wenn man sich an eine Anzahl *alter Hundeweisheiten* erinnert:

1. Das Verhältnis zwischen Alleinerziehung und Erziehung in Gruppen von anderen Hunden ist außerordentlich wichtig. Ein Ridgeback ist gerade als Junghund leichter abzulenken - einfach aus Neugierde - deshalb empfehle ich zunächst eine Grundausbildung alleine, ehe man sich irgendwelchen Gruppen oder Klassen anschließt. Der Vorteil der Erziehung in einer Klasse ist genau der, daß - nach einiger Zeit - der Hund lernt, sich auch in Anwesenheit anderer Hunde zu konzentrieren, Ablenkungen von außen zu negieren.

2. Achte darauf, immer wieder in anderem Gelände zu arbeiten. Ein Hund lernt auf Kommandos zu gehorchen, sowohl in Verbindung mit dem Kommando (dem Klang), mit Körpersignalen (der Person, die die Signale gibt) - und den örtlichen Verhältnissen. Als Grundempfehlung: Du bist immer sehr viel besser daran, wenn Du Deinen Hund auf verschiedenen Geländen trainierst.

3. Ein Hund vergißt - genau wie menschliche Wesen. Verwechsle dies nicht mit Dickköpfigkeit oder sogar Dummheit! Behalte Deine Geduld, wiederhole die einzelne Ausbildungsstufe.

4. Wie bereits zuvor betont, braucht ein Ridgeback kurze Ausbildungsabschnitte. Häufiges Spiel dazwischen, der Junghund muß sich entspannen können. Häufig wirst Du herausfinden, daß es manchmal besser ist, beim Ridgeback eine Passage abzubrechen, dann zu spielen, sich dann eine andere Aufgabe vorzunehmen, erneut zu spielen und dann die erste Aufgabe völlig neu anzugehen.

Nachstehend einige gute Ratschläge für ganz wichtige Erziehungen:

1. Kommando Sitz.

Denke immer zuerst daran, was für diese Übung unerläßlich ist:
- gleichzeitiges verbales Kommando und körperliche Einwirkung, und daß - Lob erfolgen muß, wenn das Verhalten korrekt ist, daß heißt, der Hund tatsächlich sitzt.

Beginne damit, daß Du das Halsband unter den Unterkiefer

Den jungen Hund sollte man mitnehmen, bei Interesse daran auch auf Hundeausstellungen. Aber auch eine andere Sache ist wichtig. Gerade in Familien mit Kindern sollte man die Kinder mit den Hunden vertraut machen. Junior Handling *ist eine hübsche und spielerische Art für einen Jungen oder Mädchen, um mit dem Familienhund Kontakt zu haben, selbst mit ihm Grunderziehung zu betreiben.*

Diese junge Dame wurde vom Autor persönlich als »Best Junior Handler« ausgelesen.

Foto: S. Spieler, Norwegen

nahe dem Ohr hältst, die Leine in der rechten Hand. Du gibst mit der linken Hand einen freundlichen Druck auf den Rumpf nach unten. Gleichzeitig erfolgt ein fester, aber nicht plötzlicher Leinenzug rückwärts und leicht nach oben, der den Hund zur Bewegung veranlaßt. Die richtige Reihenfolge lautet: Zu Beginn Kommando »Sitz«, also »Sii..«; dabei drückt die linke Hand nach unten, zieht die rechte Hand die Leine nach oben und es folgt »...itz!«. Wenn Dein Hund nur wenige Sekunden sitzt, wird er tüchtig gelobt, erhält vielleicht einen kleinen Leckerbissen. Hierbei sollte man aber vorsichtig sein, möglicherweise lernt er dabei, aufzustehen. Glücklicherweise sieht er auch den Leckerbissen in Deiner Hand, sitzt nicht neben Dir parallel, sondern seitlich verschoben, hierauf mußt Du achten.

Niemals darfst Du loben, wenn der Hund schon wieder aufgestanden ist, dann lernt er nämlich: »Sitzen ist ziemlich langweilig, aber Aufstehen macht Spaß, und mein Herrchen liebt es auch!«

Achte darauf! Niemals sollst Du den Hund auf den Rumpf schlagen! Hierbei überträgst Du nichts anderes als Strafe, keinerlei Verbindung mit richtigem oder falschem Ton.

2. Gehen bei Fuß an langer Leine, ohne zu ziehen.

In der heutigen Zeit und Gesellschaft sind die Möglichkeiten, den Hund frei laufen zu lassen selbst auf dem flachen Lande beklagenswert selten. Deshalb mußt Du Deinen Hund lehren, *halbfrei* spazieren zu gehen, an langer Leine. Damit kann er etwas Freiheit genießen, umherschnüffeln und seine Umwelt erkunden. Dabei darf er aber nicht an der Leine ziehen.

Bei diesem Erziehungsprogramm wird kein (stimmliches) Kommando benutzt. Man verwendet eine lange, weiche Leine. Dabei darf der Hund selbst die Laufrichtung bestimmen, in die er gehen möchte, dies ist ein wichtiger Teil der ihm zugebilligten Freiheit. Fängt der Hund zu ziehen an, hebt man die Hand mit der gespannten Leine hoch, bewegt sich dann wieder vorwärts, um für den Bruchteil einer Sekunde die Leine wieder zu lockern, bewegt die Hand dann in schneller Bewegung hoch und runter. Das Ganze wirkt etwa so, als wolle man »einen Lappen ausschütteln«. Dies bewirkt eine kurze, stark wirkende Vibration am Halsband, die der Hund schnell mit dem Ziehen verbindet. Wenn der Hund mit dem Ziehen aufhört, sollst Du nichts sagen, sondern einfach neben ihm hergehen, ihn tüchtig loben, weil er nicht zieht. Wiederhole diese Übung mit Ruhe und Geduld, jedesmal, wenn Du mit Deinem Junghund spazieren gehst.

3. Heranrufen des Hundes.

Dies ist wahrscheinlich das Allerwichtigste, was ein Hund kennen muß. Es bewahrt Dich nicht nur vor Schwierigkeiten in Deinem eigenen sozialen Umfeld, es kann Deinen Ridgeback vor Verkehrs- und anderen Unfällen bewahren.

Als allererstes beginnt man mit einer langen, weichen Leine.

Wenn der Hunde Dich gerade nicht beobachtet, ziehst Du kurz und fest an der Leine, verbunden mit dem Kommando: »Hier!« (oder wie immer das Kommandowort in der jeweiligen Sprache lautet). Achte darauf, daß der Hund Dein Manövrieren mit der Leine nicht sieht, andernfalls könnte für ihn das Gefühl entstehen, zu Dir zu kommen sei etwas Unangenehmes. Hast Du das Signal durch den Leinenruck ausgesandt und der Hund begonnen, sich in Deine Richtung zu bewegen, dann sind zwei Dinge wichtig: Du gehst einige Schritte zurück, die Leine hängt weiter lose durch, während der Hund auf Dich zukommt, tüchtig loben! Dieses Rückwärtsbewegen vermittelt dem Hund den Eindruck, über eine weitere Strecke zu gehen, weiterhin verbindet er dies auch mit seiner Erziehung im Welpenalter, als Du rückwärts gingst, um ihn zu veranlassen, auf Dich zuzulaufen.

Diese Erziehung kann leicht zu monoton wirken, aus diesem Grunde sollte man den Ridgeback immer aufmerksam halten, indem man das Thema wechselt, gleich aber noch den Wunsch des Hundes, heranzukommen, verstärkt. Hast Du erst einmal den Punkt erreicht, ohne Leine

Der ausgewachsene Ridgeback ist ein ringsum gut ausbalancierter Hund, zeigt Kraft, Eleganz und Stolz und ist ein gutes Beispiel allgemeiner körperlicher Fitness.
Foto: O: Rosenqvist, Schweden

zu arbeiten, ist das Spiel *Verstecken und Suchen* ideal. Dabei lernt der Hund Dich zu suchen, zu finden und zu Dir zu laufen. Wichtig sind sehr viel Lob und leckere Belohnungen.

Eine zwingende Voraussetzung für diese Arbeiten: Beim ersten Arbeiten ohne Leine darf dies nur in einem völlig eingezäunten Grundstück erfolgen. Um das Ausbildungsterrain darf kein Verkehr laufen. Es bedarf nur eines Kaninchens, eines anderen Hundes oder einer Katze, sie alle können dazu verleiten, daß Dein Hund einmal zu weit wegläuft. Aus diesem Grund sollten auch ringsum keine Autos sein.

Um den Drang des Hundes, zu seinem Herrn zu kommen, zu festigen, solltest Du, wenn der Hund nicht gehorcht, die Gelegenheit nutzen, wenn möglich für kurze Zeit zu verschwinden. Du mußt ihn unruhig machen! Dann zeigst Du Dich plötzlich und rufst »Hier!« - beim Kommen tüchtig loben!

Die Erziehung zum Herankommen braucht bei Deinem Ridgeback eine ganze Menge und mehr Wiederholungen. Das Ganze erstreckt sich zumindest über zwei Monate. Danach solltest Du Deinen Hund auf Spaziergängen durch den Wald oder auf eingezäuntem Gelände mit anderen Hunden vorsichtig austesten. Du mußt dahin kommen, daß Du nur durch Deine Stimme Deinen Ridgeback zurückhältst, auch wenn er Lust auf eine Jagd oder irgendein anderes großes Vergnügen verspürt.

Wenn Du mit Deinem Hund alle diese Übungen beherrschst, dann liegt es nur noch bei Dir, ob Du mit der Ausbildung fortfahren und Deinen Ridgeback-Junghund zu schwierigeren und auch ernsthafteren Unterordnungswettbewerben führen möchtest. Richtige Unterordnungserziehung macht Hundeführer wie Hund viel Spaß, man muß es aber direkt angehen und Du solltest immer daran denken, daß Du einen Ridgeback, keinen Deutschen Schäferhund ausbilden möchtest.

Ganz besonders wichtig ist eines: in der Jugend braucht der Ridgeback sehr viel Anregung und Bewegung, überlege Dir selbst die eine oder andere Aufgabe, um ihn in Bewegung zu halten, nimm Dir aber insbesondere für Deinen Hund genügend Zeit!

Agility

Parallel zu dem für Hundefreunde immer größere Bedeutung gewinnenden Agilitysport gibt es bereits Wettbewerbe wie *Hindernisgrandprix* oder *Showjumping* mit dem Hund. Dabei treten zwei oder mehrere Hunde gegeneinander an, wird ermittelt, wer die Hindernisse in der schnellsten Zeit überwindet. Ganz sicher ist dies. Agility ist **der Hundesport der Zukunft**.

Ich erwarte auch durchaus, daß noch vor dem Jahr 2000 dies zu einem für das Fernsehen wichtigen Sportereignis wird. Was aber noch wichtiger ist, dies sind Aufgaben, die ein Ridgeback wirklich liebt. Das einzige Problem beim Ridgeback ist sein Überenthusiasmus, deshalb brauchst Du für die Ausbildung viel Geduld. Du kannst aber absolut sicher sein, er wird immer zu den schnellsten gehören, wenn er erst einmal verstanden hat, welche Aufgaben hinter den Regeln stehen. Manchmal wird er aber auch ins Spiel verfallen, möglicherweise einige der Hindernisse zweimal überwinden... Dies könnte zwar im Wettbewerbssport zur Disqualifikation führen, macht ihm aber trotzdem Spaß.

Lure Coursing

Ich weiß nicht, ob es auf den Rennbahnen in Deinem Land die in den USA übliche *Long Track Version* gibt oder die, aus der Perspektive des Zuschauers etwas schwierige, australische *Short Track Version*. Beide Versionen lohnen einen Versuch. Ausgangspunkt ist, wie es ein Experte definierte, die Kombination des *Windhunderennens*, also Nachjagen hinter einem künstlichen Hasen, der an einer schnell sich bewegenden Schnur befestigt ist, und *Motocross*, das heißt eine Bahn, die der Natur nachgebildet ist.

Das ursprüngliche Konzept des *US Lure Coursing* besteht

darin, mitten in der Natur eine Bahn zu legen, die so genau wie möglich der klassischen Fluchtspur eines Hasen ähnelt. Schnell geradeaus, schwierige Zick-Zack-Bewegungen, einige sehr harte 90 - Grad - Wendungen, dann der letzte lebensrettende Endspurt ganz schnell und gerade. Welche Aufgabe könnte einem Ridgeback besser liegen, ihm zumindest mehr Spaß machen? Ein wichtiges Nachwort! Wenn Du Dich mit Deinem Ridgeback mit Hasen Coursing beschäftigst, empfehle ich auf das Wärmste, das Training zum Herankommen regelmäßig und häufig zu wiederholen. Der Spaß an dieser Jagd darf nicht die Disziplin des Hundes beeinträchtigen, auf Kommando unverzüglich zu seinem Herrn zu kommen.

Hundeausstellungen

Aus der Perspektive des Hundes bereitet die Hundeausstellung wahrscheinlich am wenigsten Spaß. Vom Gesichtspunkt der Zucht gesunder Hunde ist die Hundeausstellung aber außerordentlich wichtig. Jetzt, wo der Ridgeback wirklich ausgewachsen ist, in den nächsten Kapiteln näheres hierüber.

Kapitel Acht

LEBEN, AKTIVIEREN UND AUSSTEL LUNG DES RIDGEBACKS

...nde, die häufig anderen Hunden begegnen, miteinander spielen, ...geln im Normalfall alle ihre Probleme. Die hundliche Gesellschaft ...t ihre eigenen, klaren Grundsätze.

...f diesem Foto zeigt der Ridgeback klare Dominanzsignale (auf ...henspitzen stehend, aufgerichtet stehend, die Ohren aufmerksam, ...te nach oben). Demgegenüber befindet sich der Dobermann ...ckwärts und seitlich, signalisiert Unterwerfung.

...e Situation klärte sich eine Minute später, beide junge Rüden ...ielten miteinander.

Darf ich davon ausgehen, daß Dein Leben mit einem Ridgeback inzwischen ein gefestigtes Stadium erreicht hat, nicht nur aufgrund des Alters Deines Hundes, sondern durch engen Kontakt und Deine Beziehung zum Hund? Er respektiert Dich als »Rudelführer«, er hat gelernt, daß Du und Deine Familie ihm viel Freude schenkst, er mit Dir und den Menschen ringsum glücklich ist.

Du hast eine für beide Seiten angenehme Alltagsroutine aufgebaut. Hierunter verstehe ich, daß Du verstanden hast, wieviel Bewegung -körperlich wie geistig - Dein Ridgeback tatsächlich braucht. Du verfügst aber auch über eine Grundkontrolle Deines Hundes, das heißt, er folgt Dir freudig an der Leine, auch recht ordentlich unangeleint. Du kannst ihn, so erforderlich, heranrufen, Du kannst ihn auch stoppen, wenn er sich mit einem drohenden überdominanten Hund auseinandersetzt, falls hierfür die Notwendigkeit besteht.

In diesem Stadium werde ich oft gefragt: »Was soll ich tun, wenn mein Ridgeback von einem anderen großen Hund angegriffen wird?« Am allerwichtigsten, ich gehe davon aus, daß Dein Ridgeback als Junghund und während des gesamten Heranwachsens genügend Gelegenheit zum Kontakt mit anderen Hunden, älteren wie jüngeren, hatte. Dabei hat er sich mit anderen Hunden vertraut gemacht, die eigene Körpersprache entwickelt, die seiner Artgenossen verstehen gelernt. Wenn Dein Hund jetzt frei läuft und

einen anderen Hund des gleichen Geschlechtes trifft, dabei klare Signale der Dominanz oder Unterwerfung zeigt, kein Grund zu irgendwelcher Aufregung. Zieht sich die Angelegenheit länger hin, solltest Du nach Möglichkeit Deinen Hund abrufen.

Trifft Dein Ridgeback auf einen Hund, dessen Körpersignale Aggression anzeigen (nicht Dominanz - ein wichtiger Unterschied!) solltest Du nach Möglichkeit Deinen Hund sofort abrufen. Es ist immer richtig, den eigenen Hund keiner unnötigen Gefahr auszusetzen.

Kommt es wirklich zu einem *Hundekampf*, handelt es sich in den allermeisten Fällen *mehr um ein Wortgefecht, als um wirkliche Beschädigung.* Es gibt aber auch wirklich schlimme Situationen. Tu alles , solche Situationen zu meiden. *Niemals - niemals* - solltest Du je einen Ridgeback zum Kämpfen gegen einen Hund ermutigen, auch nicht *um ihn etwas lernen zu lassen.* Du besitzt einen der schnellsten, geschicktesten und ausdauerndsten Hund der Erde. Vor allem besitzt Du einen Ridgeback, eine Hunderasse, von der die Gesellschaft in jedem Teil der Welt weiß - so sie überhaupt etwas über Hunderassen versteht - daß es sich um eine sozial ausgerichtete, nette Hunderasse handelt. Niemand hat das Recht, diese gesellschaftliche Anerkennung zu gefährden, leichtsinnig aufs Spiel zu setzen. Das Ansehen unserer Rasse ist zu wichtig, als daß man seinem Ridgeback irgendwelche Rauhbeinigkeit erlauben sollte.

Kommt es dennoch einmal zu dem Unglück, daß Dein Hund -unfreiwillig- in einen bösen Kampf verwickelt wird, solltest Du die nächste, vertrauenswürdige Person bitten, mit Dir zusammenzuarbeiten. Beide Menschen packen gleichzeitig die Hinterläufe eines der Hunde und stoßen sie ineinander. Der Hund gehört zu der Familie der Caniden, die Beutegreifer sind. Kommt ihnen so die Beute entgegen, öffnen sie instinktiv kurz den Fang und können getrennt werden.

Agility und *Lure Coursing* habe ich schon eingehend in Kapitel 7 vorgestellt. Beide Sportarten empfehle ich sehr, nicht nur als Wettbewerbe um der möglichen Erfolge willen, sondern beide Sportarten sind Hobbys, die Dir und Deinem Ridgeback viel Freude bereiten.

Achtung! Ob bei Agility, beim Coursing, bei Windhunderennen oder auf der Jagd - denke immer daran, daß Dein Hund genau so wie jeder Sportler erst einmal *aufgewärmt* werden muß. Wenn Du hierauf nicht achtest, könnten bei Deinem Hund ernsthafte Schäden an Muskulatur oder Bändern auftreten.

Windhunderennen auf einer richtig angelegten Rennbahn machen gleichfalls Spaß. Einige Ridgeback Clubs in Europa und anderen Ländern organisieren jährlich Wettbewerbe, bei denen Ridgebacks Gelegenheit haben, auf Hunderennbahnen ihre Geschwindigkeit zu testen. Es gibt Ridgebacks, die solche Rennen jedesmal lieben, einige laufen nur, wenn ihnen der Sinn danach steht, andernfalls wären sie auch keine sehr typischen Ridgebacks. Jedenfalls empfehle ich, jede derartige Möglichkeit wahrzunehmen, die meisten Hunde und Ridgebackbesitzer haben ihre Freude daran.

Das Aktivieren des Ridgebacks im grauen Alltagsleben ist

Rhodesian Ridgebacks lieben das Rennen, es bietet ihnen Gelegenheit, einmal ihre volle Schnelligkeit auszuspielen. In einigen Ländern bieten die örtlichen Windhundevereine Möglichkeiten, daß auch Ridgebacks sich an diesem Sport beteiligen.

natürlich das Allerwichtigste. Bisher habe ich noch niemals einen Ridgeback getroffen, der es nicht liebte, wöchentlich einige Tage neben dem Fahrrad zu laufen. Besteht Gelegenheit, lieben sie genauso die Bewegung neben dem Pferd.

Ehe Du mit der Ausbildung Deines Ridgebacks am Fahrrad beginnst, solltest Du einem glauben, der darin über mehr als siebzehn Jahre Fehler gemacht hat. Vor allen Dingen brauchst Du ein ziemlich schweres Rad. Selbst mein eigenes Schwergewicht überfordert zuweilen ein leichtes Rad. Kaufe ein Fahrrad mit Fußbremsen, wobei natürlich eine Handbremse (für die rechte Hand, wenn der Hund links läuft) zusätzliche Sicherheit bringt. Mit dem ersten Fahrradfahren sollte man nie anfangen, ehe der Hund einwandfrei an der Leine läuft, die Grundkommandos beherrscht. Auch vom gesundheitlichen Standpunkt her empfehle ich, nie den Hund an das Fahrrad zu gewöhnen oder auf irgendeine andere Art zu überfordern, ehe seine Gelenke und Muskeln gefestigt sind, und das ist eben erst in einem Alter von etwa zwei Jahren wirklich der Fall. Benutze eine doppelte Leine, die so beschaffen ist, daß Du sie sicher um Deine linke Hand schlingen kannst. Außerdem brauchst Du einen Handschuh, zumindest für Deine linke Hand.

Anfangs, ehe Dein Hund die Konsequenzen einer zu schnellen Richtungsänderung gelernt hat, insbesondere nach rechts, wobei der Hund gegen das Vorderrad stoßen kann, solltest Du eine ziemlich kurze Leine verwenden. Keinesfalls darf man ein Geschirr ähnlich dem zum Schlittenziehen verwenden, zumindest wenn Du nicht Arnold Schwarzenegger bist, extreme Kraft in Deiner linken Hand hast, die notwendig ist, wenn Dein Ridgeback anfängt zu beschleunigen, plötzlich umwendet, anhält und so weiter.

Ich möchte diesen Buchteil bestimmt nicht mit leichtfertigen Kommentaren abdecken, vielmehr nachhaltig auf einige Risiken hinweisen. Ich selbst habe *Mopeds* (50 cc junior), die sich mit der gesetzlich erlaubten Spitzengeschwindigkeit bewegten, überholt. Dabei zog ein Ridgebackrüde, ich selbst berührte nicht einmal die Pedale! Einige Ridgebacks lieben es, neben dem Fahrrad in voller Geschwindigkeit zu galoppieren, nur um ihre Übererregung auszulaufen. Das kann zu einer sehr schwierigen Situation führen. Andere Hunde haben zu Hause mehr Freiheit und Bewegung, manche lieben auch gleichmäßige, lange Strecken neben ihrem Besitzer. Mein erster Ridgebackrüde rannte täglich bis zu zwanzig Kilometer neben dem Rad. Die Schönheit des gleichmäßigen Trabs führt gleichzeitig dazu, daß Dein Ridgeback seine Trabaktion zur Perfektion bringt, vorausgesetzt, er ist körperlich korrekt aufgebaut. Er läßt sich auch an hohe Trabgeschwindigkeiten gewöhnen, ohne dabei in Galopp zu verfallen. Dies trägt dazu bei, daß der Ridgeback sich im Ausstellungsring bestens zu präsentieren vermag.

Agility ist nicht nur ein Wettbewerbssport, sondern bietet auch einfache Ausbildungsmöglichkeiten. Agility bedeutet Bewegung, und der Ridgeback als solcher ist selbst »ringsum Bewegung«. Man sollte an Agility nur mit einem Ziel herangehen, in der Ausbildung viel Freude zu finden.

Das Ausstellen des Ridgebacks steht in natürlicher Reihenfolge nach meinen Kommentaren über die notwendige körperliche Bewegung. Zunächst muß ich aber noch einmal zurückgreifen.

Als wir über den Junghund sprachen, bestand Übereinstimmung, daß *alles Ausstellen dem Hund Freude bereiten muß*, andernfalls wird er seine Vorzüge nie richtig zeigen. Deshalb hoffe ich, daß Du bereits spielerisch mit einigen kleinen Ausstellungen begonnen und das absolut sichere Gefühl hast, daß Dein Hund solche Veranstaltungen mag. Du solltest Dich bei einem Hund in der jüngsten oder Jugendklasse über die *Ausstellungsresultate* überhaupt nicht besonders aufregen.

Im Grundsatz bin ich gegen alle Verbote oder übermäßige Regulierungen durch Hundevereine oder Ridgeback Clubs. Ich selbst habe mich nachhaltig dafür eingesetzt, Ausstellungsergebnisse von *Puppy Shows* beim Abfassen von Deckanzeigen und anderen Zwingernotizen auszuschließen. Solche *Puppy Shows* müssen Spaß, Spaß, Training und noch mehr Spaß sein, sonst nichts. Hier irgendwelche Wettbewerbselemente einzubeziehen ist unfair gegenüber dem Hund und für junge Hundebesitzer und Liebhaber häufig entmutigend.

Nachstehend mein Standpunkt zu Hundeausstellungen:
1. Es handelt sich um einen *Zuchtwettbewerb*, auf dem Experten als Richter ihre Meinung über einzelne Hunde zum Ausdruck bringen. Diese Richterurteile sind wichtig, um die Zuchtqualitäten der Einzeltiere

Die Jagd hinter dem künstlichen Hasen vereint Jagdinstinkte, Bewegungsbedürfnis und die natürliche Liebe des Ridgebacks, frei durch die Natur zu laufen

Zum Lehren des Kommandos »Sitz« kann man ein Halsband verwenden, das direkt unter dem Unterkiefer und den Ohren angelegt wird. Man hebt freundlich aber bestimmt das Halsband an, gleichzeitig erhält der Hund auf die Kruppe einen leichten Druck, begleitet von dem Kommando »Sitz«! Richtiges Timing ist entscheidend.

zu ermitteln, wobei man aber wissen muß, daß dies *nicht die einzigen Kriterien* sind; von noch größerer Bedeutung sind aber diese Kritiken, um auf breiter Ebene den Qualitätstrend bestimmter Hunderassen festzustellen. Erfolg oder Mißerfolg im Ausstellungsring ändern am Wert eines Hundes überhaupt nichts. Keinesfalls sollten sie irgendeinen Einfluß auf die enge und warme Verbindung zwischen Dir und Deinem Lebensgefährten haben.

2. Deine Aufgabe auf einer solchen Ausstellung ist es, mit korrekten und fairen Maßnahmen die *starken Seiten Deines Hundes* zu zeigen, so gut Du dies vermagst. Niemand kann von Dir erwarten, daß Du die schwächeren Punkte Deines Hundes in den Vordergrund stellst. Wie bei uns Menschen gibt es auch bei Tieren keine völlige Fehlerfreiheit. Dies bedeutet aber, daß Du die Hunderasse und den Rassestandard kennen und verstehen mußt, vor allem solltest Du Dir selbst ein objektives Bild von Deinem Hund gemacht haben, wenn Du ihn zur Ausstellung bringst.

Diese drei Fotos zeigen die Grundlagen, wie man seinen Hund vor dem Richter präsentiert.

Foto oben: Muß man einen Hinterlauf weiter nach hinten stellen, um den Hund voll ausbalanciert zu zeigen und die Kruppe richtig wirken zu lassen, faßt man im Kniebereich oder etwas tiefer den Hinterlauf, bewegt ihn mit der flachen Hand etwas nach hinten.

Foto gegenüberliegende Seite oben: Der Schlüssel ist die Kontrolle des Hundes über das Halsband. Man faßt es fest, hoch oben, an. Dabei darf man keinesfalls dies für den Hund unangenehm oder schmerzhaft machen. Achte darauf, wie sich dabei von sich aus die Vorderpfoten nach vorne stellen.

Foto gegenüberliegende Seite unten: Man hält den Hund in seiner Stellung, indem man den Kopf von unten unterstützt, mit der anderen Hand unter Brust und Vorderläufe greift, den Hund gerade nach oben hebt. Dann läßt man den Hund wieder nach unten. Man achte darauf, daß er in den Vorderläufen absolut gerade steht. Wenn man hierauf nicht achtet, riskiert man, neben anderen Fehlern, daß die Rückenlinie weich wirkt.

Die Fotos zeigen Mr. und Mrs. Wallace, Chairman und Secretary des Parent Club in Harare, Simbabwe.

3. Hundeausstellung ist ein Sport. Nie darf es zum Wichtigsten im eigenen Leben werden, hast Du einmal einen schlechten Tag, bedeutet dies nicht das Ende des Lebens. Aber Richter und Rasse haben es verdient, daß Du Deinen Hund richtig zur Ausstellung vorbereitest, Vorführen lernst, auf jeder Ausstellung immer Dein Bestes tust. Dies bedeutet aber auch, daß Du selbst Deinen Hund als Sportler sehen solltest. Er oder sie muß am Ausstellungstag in Spitzenkondition sein.

4. Abschließend, da Sport immer nur Sport ist, solltest Du nie erwarten, daß die Ergebnisse auf jeder Ausstellung gleich ausfallen. Es ist nicht *ein Richter mit schlechtem Gedächtnis*, der die gleiche Hundegruppe bei verschiedenen Gelegenheiten an unterschiedlicher Stelle plaziert. Ausstellen bedeutet Wettbewerb mit einem Hund in seiner Tageskondition, eine wichtige Rolle spielt auch Deine Vorführung im Ausstellungsring. Du kannst sicher sein, dies alles ist zuweilen recht unterschiedlich. Letztendlich beruhen die Ergebnisse auf den Sekunden und Minuten, die der Richter den Einzelhund am Ausstellungstag sieht.

Nachstehend einige Hinweise, die Du bei Deinen Planungen für eine Hundeausstellung beachten solltest. Dabei setze ich voraus, daß die Meldeformulare richtig ausgefüllt wurden, notwendige Impfungen durchgeführt sind, auch Ahnentafel und Impfpaß für die Ausstellungsreise eingepackt wurden und Du über den ganzen Ausstellungstag auch gute Laune mitbringst.

1. Denke daran, die Ausstellungsatmosphäre bringt sowohl eine körperliche wie eine seelische Belastung mit sich. Immer solltest Du eine große Wasserflasche mit frischem Wasser für Deinen Hund bereithalten.

2. Nimm eine passende Decke mit zur Ausstellung, *Vedbed* oder eine andere Unterlage, auf der Dein Hund ruhen kann. Handelt es sich um eine Ausstellung im Freien, solltest Du immer ein Stück Plastik unter die Decke legen. Rhodesian Ridgebacks sind kurzhaarige Hunde, auf Ausstellungen haben sie immer eine gewisse Neigung, *kleine Primadonnen* zu spielen.

3. Kaufe ein *Spezialausstellungsset* von Halsband und ziemlich kurzer Leine. Schnell lernt der Hund die Bedeutung, wenn er seine *Ausstellungsausrüstung* angelegt bekommt.

4. Kleide Dich selbst ordentlich. *Sportlich frisch* oder *mit etwas Phantasie* ist genauso geeignet, wie etwas formellere Kleidung. Wichtig aber: die Kleidung ist gleichzeitig eine Angelegenheit der Höflichkeit gegenüber dem Richter, den Ringfunktionären und all jenen, die an der Ausstellung mitarbeiten. Du solltest Dir auch darüber im Klaren sein, daß die Kleidung der Hundebesitzer in den Augen der Zuschauer Rückschlüsse auf die Hunderasse auslöst.

Jedesmal, da Du einen Ridgeback auf Ausstellungen präsentierst, bist Du ein Botschafter der Hunderasse. Das soll aber bestimmt nicht besagen, daß Du keine bequemen und praktischen Schuhe tragen solltest. Du brauchst ein Schuhwerk, mit

Berufsvorführer kontrollieren ihren Hund auf der Ausstellung von einem einzigen Punkt aus, dem Halsband, das hoch am Hals und direkt unter dem Unterkiefer angelegt ist.
Fotos: C. Tekirdali, Österreich
Immer muß man im Austellungsring mit seinem Hund sprechen, ständigen Kontakt halten. Man beobachte den eigenen Hund, schaut immer einmal hinüber, wo der Richter steht. Nie darf man aber vergessen: Das ganze Vorführen muß dem Hund Spaß bereiten.

dem Du auch wirklich laufen kannst!

Das Erlernen, wie man seinen Hund am besten präsentiert, ist letzten Endes Deine eigene Angelegenheit. Mißverstehe mich bitte hier positiv! Ich bin davon überzeugt, daß Du Deinen eigenen Stil finden wirst, der wiederum in hohem Maße auf den Stärken, Schwächen und dem Wesen Deines Ridgebacks beruht. Schau Dir die erfahrenen Vorführer an, versuche, ihre *Techniken und Tricks* zu imitieren, aber am Ende stehen Du und Dein Hund im Ring, niemand anderes. Es ist deshalb wiederum die entscheidende Frage, ob Du und Dein Hund Euch untereinander versteht, Freude an der Zusammenarbeit habt.

Abschließend noch ein guter Rat zu Hundeausstellungen:

Wenn Du nicht gewinnst, gratuliere dem Sieger.

Wenn Du gewinnst, nimm die Glückwünsche der anderen mit Anstand an.

Und fühle Dich keinesfalls ungerecht behandelt, wenn Du auf der nächsten Ausstellung einmal an zweiter, anstatt an erster Stelle stehst - einmal gewonnene Siege sind Siege für immer! Spätere Niederlagen verwischen den Glanz guter Ausstellungsresultate in gar keiner Weise.

Zum Abschluß des Kapitels - *der alte Ridgeback.*

Ein Hundeleben ist immer kurz, selbst das großartigste und stärkste! Die meisten Lebewesen werden einmal die ersten grauen Haare rund um die Nasen entwickeln. Der Ridgeback ist eine gesunde Hunderasse und wir haben außerordentlich viele Beispiele von Ridgebacks, die noch weit über die Zehnjahresbarriere hinaus sich in vorzüglicher Form befinden.

Da gibt es ein Sprichwort, das besagt, *einen alten Hund kann man keine neuen Kunststücke lehren* - dies ist aber falsch. Meist hast Du einfach nicht die notwendige Geduld, denn alte Hunde haben selbst eine ganze Menge Tricks gelernt, um am Lernen der Tricks anderer Menschen vorbeizukommen.

Hervorzuheben ist aber jedenfalls, daß ein alternder Hund zum Besten gehört, was man überhaupt in der Familie haben kann. Er oder sie kennt jede Bewegung, jede Stimmung der Familie. Du kannst dem Hund völlig vertrauen, und er oder sie sind wirkliche Freudenbringer.

Ein ganz einfaches *Geheimnis* für ein glückliches Altern des Ridgebacks besteht darin, keinesfalls aufzuhören, ihn in Bewegung zu halten, weder geistig noch körperlich, auch wenn er das *magische Veteranenalter* überschreitet. In den meisten Ländern ist dies bei Ausstellungen auf sieben bis acht Jahre festgelegt, diese Grenze hat aber tatsächlich keine Beziehung zum Leben des Hundes in der Familie. Ganz besonders wichtig ist es, daß der ältere Hund fühlt, daß Du Dich unverändert für ihn interessierst, ihn liebst, selbst wenn er jetzt nicht mehr die langen, langen Spaziergänge fordert oder Stunden des Agilitysports.

Ein weiterer wichtiger Faktor ist es, den alternden Hund nicht zu überfüttern! Er braucht nicht mehr die gleiche Energiemenge, kann deshalb weniger Futter erhalten - besser ausgedrückt, die gleiche Futtermenge, aber Futter mit niedrigerem Energiegehalt.

Hast Du gemeinsam mit dem alten Hund Welpen oder Junghunde im Haus, solltest Du unbedingt sicherstellen, daß Deinem Veteranen genügend Frieden bleibt, die Möglichkeit, sich zur Ruhe zurückzuziehen.

In einer Reihe von Fällen fordert der *alte Rudelführer* gegenüber den Junghunden im Hause volle Autorität bis zu seinem eigenen Ende.

In anderen Fällen hast Du dafür zu sorgen, daß der alte Hund und seine Ansprüche für sein Leben von den anderen respektiert werden.

Die Veteranenjahre Deines Ridgebacks bedeuten sehr viel, für den Hund, für Dich, für die ganze Familie. Halte den Hund in engem Kontakt, er muß sein Leben als hochgeschätztes Familienmitglied fortsetzen können. Jeder Hund hat das Recht auf ein Alter in Würde und menschlicher Gesellschaft.

Kapitel Neun

ZUCHT-FRAGEN

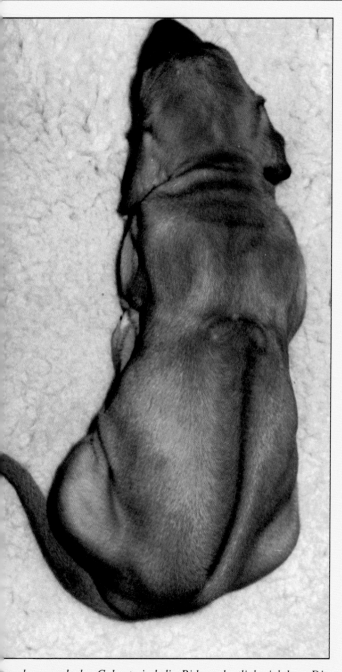

on kurz nach der Geburt sind die Ridges deutlich sichtbar. Die
metrie (oder Anzahl von Kronen) verändert sich während der
chstumsmonate nicht mehr.

Hundezucht wird von Vielen als Magie empfunden. Beobachtet man die kleinen, neugeborenen Repräsentanten der Rasse, bedeutet dies für jeden Hundeliebhaber ein unvergeßliches Erlebnis. Und zu diesem Zeitpunkt werden auch Verantwortlichkeiten festgelegt: Du als Züchter hast Verantwortung für eine Hunderasse, für ihre künftige Generation übernommen. Als allererstes muß der Züchter eine Reihe von Kriterien aufstellen für Hunde, mit denen man züchten *kann*, und von Hunden, die für die Zucht nicht infrage kommen. Nachstehend die Hunde, die aus der Zucht ausgeschlossen sein sollten:

1. Mit Ridgebacks ohne *Ridge* oder Einzeltieren, die schwere Mängel beim *Ridge* aufweisen, sollte man nicht züchten.

2. Mit Hunden, die an Dermoidzysten erkrankt waren und erfolgreich operiert wurden, sollte man gleichfalls nicht züchten. Im Normalfall empfehle ich hier keine Operation. Näheres Kapitel 10 - Gesundheit.

3. Eindeutig fehlerhafte Farben wie Silber, übertriebene Schwärzung oder zuviel Weiß sollten von jeder Zucht ausschließen.

4. Schwere anatomische Fehler, fehlerhafter anatomischer Aufbau müssen gleichfalls zuchtausschließend wirken. Ich denke dabei an einen viel zu kurzen Kör, fehlerhafte Front oder schlechte Winkelung der Hinterhand, ebenso fehlerhafte Gebißstellung (einschließlich fehlende Zähne oder schwache Unterkiefer) oder ein schwerwiegendes 'Knickrutensyndrom, insbeson-

dere, wenn es auch gleichzeitig bei den Eltern und/oder Geschwistern auftritt.

Fehlende Zähne bleiben bei dieser Frage umstritten. Für mich akzeptabel ist zum Beispiel das Fehlen eines Zahnes, es ist mit verantwortlicher Zucht zu vertreten, wenn vor dem nächsten Wurf alle Nachzuchten sorgfältig kontrolliert werden. Aber ein fehlender Zahn bleibt trotzdem ein Fehler, man sollte dies nicht zu sehr auf die leichte Schulter nehmen.

5. Meide unbedingt Einzeltiere mit Hüftgelenksdysplasie - wenn ich auch zugeben muß, daß auch diese Frage etwas umstritten ist. Ausnahmen kann ich mir vorstellen, aber unter Ausnahmen verstehe ich, daß diese *nur in seltenen Fällen und unter ganz bestimmten Umständen* gemacht werden. Nehmen wir einmal an, ein Ridgeback habe einmalige Qualitäten, etwa in Körper- und/oder Kopfform, eine Eigenschaft, welche der Population in einem bestimmten Land fehlt, dann könnte man diesen einmal einsetzen, unter der Voraussetzung, daß der HD-Grad nicht zu schwerwiegend ist. Bei solchen Ausnahmen sollte der Rüde/die Hündin nur einmal verwendet werden, dann von der Zucht gesperrt bleiben, bis vom gesamten Wurf die HD-Röntgenaufnahmen vorliegen, also zumindest für ein Jahr nach dem Wurf. Und natürlich braucht man für eine solche einmalige Zucht einen ebenso hochklassigen Partner.

Natürlich muß ich an dieser Stelle nochmals betonen, daß Mitglieder bestimmter Rassezuchtvereine gebunden sind, sich an die Zuchtregeln zu halten. Weichen diese von den oberen Prinzipien ab, so gelten die Zuchtregeln des Vereins.

Über die Frage der Verantwortlichkeit zur Zucht gesunder Ridgebacks, die obigen Kriterien entsprechen, habe ich einen sehr klaren Stand. Nur ein Narr sucht in Zweifelsfällen keinen Rat. Wer immer denkt, er wisse alles und brauche keine neuen Informationen, wird bald unter den allgemeinen Kenntnisstand abrutschen. Deshalb solltest Du reden, fragen, lesen, darüber sprechen und Meinungen von so vielen Experten wie möglich ein-

holen. Achte aber dabei darauf, im Hundewesen ist es immer richtig, gegenüber unterschiedlichen Expertenmeinungen eine recht kritische Haltung einzunehmen.

Wenn Du dann sicher bist, daß Du züchten möchtest, insbesondere welche Ziele Du in Deiner Zucht verfolgen willst, dann liegt die abschließende Entscheidung bei Dir. Es ist Dein Hund, es ist Deine Vision, es kann auch Dein Traum sein und letztendlich steht alles in Deiner persönlichen Verantwortung.

Um aber es noch mal zu wiederholen, ich empfehle jedem Züchter, Fachliteratur über Ge-

Es ist immer richtig, wenn zwei Menschen bei der Paarung helfen. Besonders bei jüngeren Hunden muß man darauf achten, daß sie nicht nervös werden, zu früh auszubrechen versuchen. Dies könnte auch für spätere Paarungen Schwierigkeiten mit sich bringen.

netik zu studieren, wenn man überhaupt mit der Hundezucht beginnen will. (Anmerkung der Übersetzer: Der Kynos Verlag empfiehlt Malcolm B. Willis - GENETIK DER HUNDE-ZUCHT). Nachstehend möchte ich mit meinen Lesern einige Tatsachen und Betrachtungs-weisen diskutieren, die zeigen, worauf man achten muß, was noch zu lernen ist.

1. In der Hundezucht muß man ganz einfach die Gesetze der Genetik akzeptieren und kennen. Es gibt dabei einige Regeln ohne jegliche Ausnahmen - bei-spielsweise gilt dies für die Frage *Ridge* oder *kein Ridge*.

Gleichzeitig muß man wissen, daß Genetik im wirklichen Leben außerordentlich kompli-ziert ist, die Natur hat ein wundersames Geschick, Aus-nahmen zu machen. Halte Dir vor Augen, daß die Chromo-somen eines einzelnen Eltern-tieres 2^{39} betragen können, das bedeutet ungefähr 550 Millionen verschiedenartige Kombinatio-nen.

2. 50% seines Erbes erhält ein Welpe von jedem seiner zwei Elterntiere. Wenn Du jetzt wei-ter in der Ahnenreihe zurück-gehst, bestimmen die Großeltern 25%. Die Frage, von welchem Großelternteil bestimmte Merk-male stammen, ist ganz einfach eine Frage der Wahrscheinlich-keit. Für jedes Merkmal, das in dieser Reihe steht, gibt es je-weils ein Genpaar, also dann acht verschiedene Möglichkei-ten, wenn man alle vier Groß-elterntiere zusammenzählt. Dies insgesamt betrachtet bedeutet, daß natürlich die Großeltern

einen starken Einfluß besitzen, aber ihr Anteil ist eine Frage des Zufalls. Geht man dann in der Ahnenreihe weiter zurück, um weiter hinten einen *großen Star* zu finden, führt dies nicht weit! Der Streit, ob man bei der Zuchtwahl auf Hunde mit Aus-stellungserfolgen achten sollte, geht wahrscheinlich über viele Generationen bis zum Anfang des Ausstellungsgeschehens zu-rück. Wie wir aber bereits gese-hen haben: ein Zurückgehen weiter als bis zu den Großeltern ergibt nur eine niedrige Wahr-scheinlichkeit, so oder so die Qualitäten eines Einzeltieres ge-nau zu reproduzieren, sei es Anatomie oder Wesen. Selbst wenn wir noch in die Betrach-tung einbeziehen, daß auch Um-weltfaktoren schon große Cham-pions bestimmt haben, wäre es andererseits dennoch töricht, einen Hund, der seine Erbkraft bewiesen hat, bei Paarungen nicht einzusetzen. Wissen muß man dann aber wieder, daß man in keiner Weise davon ausgehen darf, daß seine Wurfgeschwister über gleiche Qualitäten ver-fügen.

3. Genetik und Umwelt gehen bei der Bestimmung der Quali-tätennachzucht Hand in Hand. Bei der modernen Hundezucht sind Qualität und Auswahl des Zuchtmaterials im Normalfall gut, so daß man vor der Tat-sache steht, daß *im Normalfall das Einzeltier ebenso von sei-nem genetischen Erbe wie von der Umwelt bestimmt ist.*

Die meisten Merkmale, auf die es für uns ankommt, sind in ihrem Erbgang außergewöhnlich komplex, sind abhängig von

Eine hochtragende Hündin erscheint schwer, etwas unbeweglich. Einerseits muß man darauf achten, daß sie genügend nahrhaftes Futter bekommt, andererseits darf man aber die Bewegung nicht zu kurz kommen lassen.
Kurze Spaziergänge sind immer gut.

einer riesigen Anzahl von untereinander verbundenen Faktoren. Hinsichtlich der Erblichkeit geben nachstehende Zahlen eine gewisse Vorstellung:

Eigenschaft	Erblichkeit %
Geburtsgewicht	20-45 %
Widerristhöhe	40-85 %
Fruchtbarkeit	10-20 %
Wesenseigenschaften	0-80 %

Um die Zuchtqualität eines Rüden oder einer Hündin zu bewerten, gibt es die sogenannte *Bewertung vorhandener Nachzuchten.* Laienhaft ausgedrückt bedeutet dies, daß man die wichtigsten Eigenschaften aller bereits vom Elterntier gezeugten Welpen beurteilt. Für den Hündinnenbesitzer, der vor der Entscheidung steht, mit seiner Hündin zu züchten oder nicht, bedeutet dies natürlich reine Theorie. In einem solchen Fall ist es aber sinnvoll, einen Rüden einzusetzen, der schon Nachzuchten gebracht hat, deren Qualitäten man kennt.

Die zweite Bemessungsgrundlage besteht darin, die Qualität der Würfe, aus denen die Elterntiere stammen, auszuwerten. Man achte aber darauf, daß ein *Ausreißer (»Odd One Out«)* in einem großen Wurf als normal anzusehen ist, es sei denn, er bietet einen Hinweis auf eine Erbkrankheit.

Die dritte Methode besteht in einer Bewertung der Ahnentafel. Hierbei muß klar erkannt werden, daß man dabei auf Experten angewiesen ist, möglicherweise auf ein Computerprogramm eines modernen Zwingers oder Rassezuchtvereins, um wirklich eine Ahnentafel vernünftig auszuwerten. Natürlich besagt eine große Anzahl von Champions unter den Ahnen etwas, nämlich daß die reine statistische Wahrscheinlichkeit ziemlich fehlerfreier Vorfahren steigt. Was man aber wirklich braucht ist eine Auflistung aller genetisch bestimmten Probleme, beispielsweise fehlender Ridge, Farbprobleme oder Skelettschäden, wie beispielsweise Knickruten.

Ridge oder fehlender Ridge

An diesem Beispiel wollen wir uns einige Grundregeln der Genetik vor Augen führen. Die selben Regeln gelten beispielsweise in anderen Rassen, wenn es darum geht, ob ein Welpe eine kurze oder eine lange Rute haben wird.

Das Auftreten eines Ridge ist ein dominantes Merkmal. Alle genetischen Eigenschaften basieren auf Genpaaren, dabei gibt es zwei Grundmöglichkeiten:

Reinerbige Paare oder *Homozygote*.

Gemischterbige Paare oder *Heterozygote*.

Was den Ridge angeht, gibt es zwei Erbalternativen. Das Gen für Ridge nennen wir R, das Gen für Ridgelosigkeit nennen wir rl, jeweils als Symbole. So kann ein einzelner Rhodesian Ridgeback Genpaare für den Ridge (RR) oder für Ridgelosigkeit (rl rl) besitzen. Diese beiden Genkombinationen sind homogen oder homozygot. Das Einzeltier kann aber auch gemischte Gene tragen, nämlich R rl, dann ist es für dieses Merkmal hetereozygot. Das Benutzen von großen Buchstaben R oder von kleinen Buchstaben rl, hat noch eine weitere wichtige Grundlage: Einzelne Qualitäten oder Merkmale können entweder *dominant* oder *rezessiv* sein. Mit einfachen Worten kann man sie wieder so ausdrücken: In der genetischen Ordnung bedeutet dominant immer größer als rezessiv. Innerhalb der Genetik ist es üblich, dominante Merkmale mit großen Buchstaben, rezessive mit kleinen Buchstaben zu kennzeichnen.

Wie wir in diesem Kapitel noch nachstehend zeigen, muß der Ridge ein dominantes Merkmal sein. Die ursprüngliche Haarformation auf dem Rücken des Hundes war das Ergebnis einer Mutation. Um in Erscheinung zu treten, mußten die mutierten Gene eine dominante Stellung einnehmen. Ähnliches gilt für die Tatsache, daß kurze Ruten gegenüber langen dominant sind.

Wenn vor langer Zeit Mutationen in der Natur aufgetreten sind, hat man hier auch einen kleinen Hinweis über den geographischen Ursprung. Wenn man es nur genetisch und aus den Wahrscheinlichkeiten heraus betrachtet, ist die Ridgebildung höchstwahrscheinlich in Afrika erfolgt, da sie in Asien zu gering vorkommt.

Neugeborene Welpen, genau wie ihre Mutter, brauchen ein bequemes, sicheres Lager.
Achte immer auf herumliegende Elektrokabel!
Eine weiche, leicht waschbare Unterlage ist außerordentlich praktisch. Als Teil eines strikten Hygieneprogramms muß man sie häufig auswaschen.
Achte auf diesem Foto, daß bereits kurz nach der Geburt die Ridges erkennbar sind.

Wenn wir weiter nur über den Ridge sprechen, ist es auch außerordentlich wahrscheinlich, daß die ursprüngliche Mutation nur die *Wuchsrichtung des Haares auf dem Körperrücken* umfaßte, nichts anderes. Es gab die Optionen entweder *nach hinten zu wachsen (wie bei allen anderen Rassen)* oder *nach vorn..* Da in keiner Literatur so etwas ähnliches wir *Crowns* erwähnt wird, ist die Annahme sicherlich richtig, daß der heute symmetrisch verlaufende *Ridge* das Ergebnis systematischer Zucht ist, also ein erworbenes Merkmal, nicht Folge einer Mutation. Die *Whirls* heute auch *Crowns* genannt, sind eine logi-sche Folge der Zucht auf symmetrische Haarformation. An vielen Körperflächen jeden Hundes stößt man auf bestimmte *Boarders (Grenzen)* oder *Lines* oder sogar *Whirls* (beispielsweise unter den Ohren) wo sich die Haarrichtungen treffen. Allgemein gesprochen wächst das Haar auf einem bestimmten Körperteil immer in einer Richtung, die dem Körper der sich bewegenden Hunde optimalen Schutz bietet.

So gibt es beim Hundekörper verschiedene Facetten, wo sich die Haarrichtungen treffen. Entsprechend trifft dies auch auf den Rücken zu, wo das mutierte Richtungssignal *Wuchs nach vorn* immer einen Treffpunkt mit der normalen Haarwuchsrichtung hat, die ja in entgegengesetzter Richtung verläuft. Als Ergebnis entstand nach und nach eine Symmetrie, woraus die runden *Whirls* entstanden, die den Wendepunkt im Wachstum der Haarrichtung markieren.

Es ist eine rein mathematische Frage, daß sich immer eine klare Kombinationszahl ergibt. Jedes Elterntier hat immer nur eine von drei Genpaaralternativen, die nachstehend aufgezeigt werden:

R R
R rl

Bei dieser Genbildung trägt das Einzeltier einen Ridge.

rl rl

Bei dieser Genkombination ist das Einzeltier ohne Ridge.

Lassen wir einmal offen, ob auf den nachfolgenden Tabellen das gezeigte Elterntier Rüde oder Hündin war. Es ergeben sich nachstehende Kombinationen.

1.	R	R
R	RR	RR
R	RR	RR

Beide Elterntiere des Ridgebackwelpen sind homozygot, reinerbig für das Merkmal Ridge. Im Ergebnis haben alle Welpen einen Ridge und sind auch ihrerseits für Ridge in ihren Genpaaren homozygot.

2.	R	rl
R	RR	Rrl
R	RR	Rrl

Bei diesem Beispiel hat ein Elterntier ein homozygotes Genpaar, das andere ein heterozygotes, das hinsichtlich Ridge also gemischt ist.

Ergebnis: Alle Welpen zeigen einen Ridge, wobei man daran denken muß, daß das Ridge-Gen dominant ist, das andere überlagert. Wichtig ist jetzt aber, daß die Hälfte der Welpen ein heterozygotes Gen Haar aufweist. Das bedeutet, daß in der nächsten Generation bei Paarung dieser Tiere auch Welpen ohne Ridge aus dieser Verbindung entstehen, wie Tabelle 3 ausweist.

3.	R	rl
R	RR	Rrl
rl	Rrl	rlrl

In unserem Beispiel 3 sind beide Elterntiere heterozygot, das heißt, sie selbst haben einen Ridge, sie sind aber in ihren Genqualitäten für Ridge gemischterbig, sowohl für Ridge wie für Ridgelosigkeit.

Als Ergebnis haben wir in dem Wurf 3:1 Welpen, 25% der Welpen haben keinen Ridge. In dieser Kombination wird erstmals das Problem nach außen sichtbar.

4.	rl	rl
R	Rrl	Rrl
R	Rrl	Rrl

Bei unserem Beispiel 4 achte man darauf, daß es sich hierbei um eine rein hypothetische Paarung, eventuell um eine Testpaarung ausschließlich für Ridgebacks handelt. Denn in diesem Beispiel hat eines der Elterntiere keinen Ridge. Im Normalfall werden Hunde ohne Ridge zur Zucht nicht eingesetzt. Das andere Elterntier ist für das Ridge homozygot.

Daraus ergibt sich folgendes Ergebnis: Da der Ridge dominant ist, haben alle Welpen einen Ridge, sie sind aber alle gemischterbig oder heterozygot.

Dies ist die Situation, wie sie in Afrika vorgelegen haben muß, als die eingeborenen Hunde mit Ridge beispielsweise mit europäischen Jagdhunden gepaart wurden. In einem solchen Fall trugen alle Mischlinge zwischen Hund mit Ridge und der Rasse ohne Ridge einen Ridge. Achtung! Auch dieses genetische Modell zeigt, daß das Gen für den Ridge dominant ist.

Es kommt in vielen Fällen - meistens völlig zufällig- zu Paarungen zwischen Ridgebacks und anderen Rassen. In diesen Kreuzungen entstehen Welpen, die einen Ridge haben. Wäre Ridge ein rezessives Merkmal, gäbe es in der ersten Generation dieser neuen Kreuzungen keine Welpen mit Ridge.

5.

	rl	rl
R	Rrl	Rrl
rl	rlrl	rlrl

Ein weiterer Test oder, wenn Du es so willst, eine Zeichnung aus alten Tagen, als man Hunde mit Ridgebildung mit Hunden ohne Ridgebildung paarte.

Als Ergebnis dieser Kombination haben wir nur 50 % der Welpen, die einen Ridge tragen. Alle Welpen mit Ridge sind heterozygot, die Welpen ohne Ridge logischerweise für frei sein von Ridgebildung homozygot. Spielen wir nochmals mit unseren Gedanken aus Altafrika wie im Beispiel 4. Wenn beispielsweise die Welpen aus einer Paarung zwischen afrikanischem Ridgehund und Pointer danach mit anderen Hunden ohne Ridge aber gepaart wurden, dann haben wir dieses Ergebnis erhalten:

6.

	rl	rl
rl	rlrl	rlrl
rl	rlrl	rlrl

Unser Beispiel 6 soll eigentlich nur die mathematischen Möglichkeiten abschließen. Zwei Elterntiere, beide ohne Ridge, sind für Freiheit von Ridge homozygot. Als Ergebnis sind alle Welpen ohne Ridge, ihrerseits wieder homozygot für Freiheit von Ridgebildung. Bei den ganzen vorstehenden Berechnungen ist noch hervorzuheben, daß, wenn die genetischen Gesetze besagen, daß 75 % der Welpen einen Ridge aufweisen, dies bedeutet, daß 3/4 der Welpen *auf akkumulierter Durchschnittsbasis* einen solchen Ridge zeigen. Hier muß gesehen werden, daß es sich um eine Wahrscheinlichkeit handelt, aber durchaus auch die Möglichkeit besteht, daß alle Welpen in einem kleinen Wurf eine Ridgebildung zeigen. Aus dem Blickwinkel der Natur (oder auch der Wahrscheinlichkeitsrechnung) heraus ist das eine Viertel Welpen ohne Ridge schlichtweg nicht geboren worden. Über einen bestimmten Zeitraum jedoch, wenn man die Paarung vielmals wiederholt, werden die Proportionen langsam in das Verhältnis 3:1 kommen. Natürlich wäre es auch überhaupt nicht unmöglich, obgleich dreimal weniger wahrscheinlich, daß in einem kleinen Wurf einmal alle Welpen ohne Ridge geboren werden. Für viele junge Züchter ist die Alternative 3 wahrscheinlich besonders überraschend, denn sie züchten ein Merkmal, nämlich einige Welpen ohne Ridge - obwohl beide Elterntiere deutlich und voll entwickelt den normalen Ridgeback zeigen.

Im tatsächlichen Leben gibt es nur einen Weg, um mit Sicherheit festzustellen, ob ein Rüde oder eine Hündin homo- oder heterozygot für Ridge sind, also für Ridge reinerbig oder gemischterbig - das wäre eine Testpaarung mit einem Einzeltier, von dem bereits aus früheren Paarungen bekannt ist, daß es heterozygot ist, nämlich Welpen ohne Ridge brachte. Wenn in diesem Testwurf nur Welpen mit Ridge geboren werden, ist es hoch wahrscheinlich - es sei denn, es wäre ein sehr kleiner Wurf - daß der neue Hund für Ridge homozygot ist.

Wenn man alles Vorstehende zusammenfaßt, kann man sagen: *Entstehen aus einer Paarung Welpen ohne Ridge, gibt es immer bei beiden Elterntieren die genetische Basis für fehlenden Ridge.*

Wir haben an dieser Stelle über das Hauptmerkmal der Rasse - den Ridge- eingehend gesprochen. Hier sei der ergän-

zende Hinweis angebracht, daß hinsichtlich Auftreten und Plazierung der zwei Kronen eine sehr viel komplexere genetische Formel zugrunde liegt, die bis zum heutigen Tage nicht voll bekannt ist. Es ist ziemlich häufig, daß *Half Ridges* auftreten, also links oder rechts liegende Ridges mit einer *Crown* und einem *Partial Arch*. Es ist auch nicht selten, daß man auf zwei *Half Ridges* stößt, mit je einer *Crown* und je einem halben *Arch* übereinander. Beides auf ein und der selben Seite des Hundes. Dies gibt Anlaß zu der Vermutung, daß die Genkombination *Crown and Arch* halbseitig auftritt. Genetisch gesehen ist es außerordentlich unwahrscheinlich, daß die Natur einen Ridgeback mit einer *Ridge* Haarformation in Betracht zieht, aber ohne *Crowns*, eher als Einzeltier mit Ridge. In keiner Weise möchte ich mich an dieser Stelle für Testpaarungen dieser Richtung aussprechen, aber bei korrekter Durchführung würde ich sie auch nicht verurteilen. Allerdings muß hier einfach einmal klar gesagt werden, daß solche Welpen nicht eingetragen oder gar für Zuchtzwecke verkauft werden dürfen.

Wenn die Welpen geboren sind, fühlt man sich entweder als *Vater* oder als *Mutter*. Man braucht sehr viel Zeit und es bedarf sehr viel Mühe. Bereits in den allerersten Tagen und Wochen fällt die Entscheidung für die künftige Entwicklung der Welpen. Deshalb mußt Du Dir darüber im klaren sein, daß, wenn Du Dich zur Zucht mit Deiner Hündin entschließt,

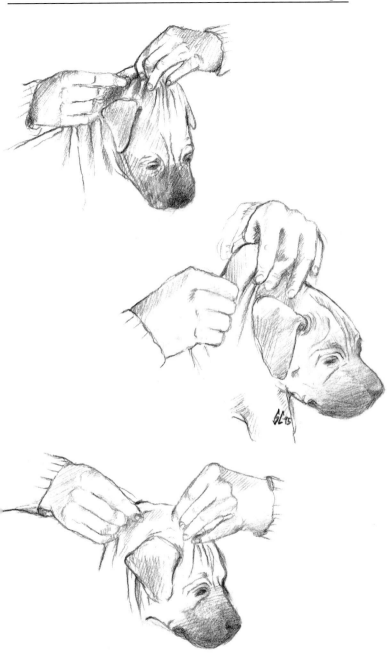

Abtasten der Hautoberfläche auf evt. vorhandene »strings«, die zum Rückrat führen könnten. Auf diese Art entdeckt man - falls er vorhanden ist, schon beim Welpen den Demoid Sinus. *Diese Kontrollen sollten mehrfach wiederholt werden.*

unbedingt immer über die ersten acht Wochen jemand für den Wurf zur Verfügung stehen muß. Einfach einmal *eine oder zwei Wochen Urlaub für den Job zu nehmen*, dies reicht für die Aufzucht eines Wurfes in keiner Weise.

Weitere entscheidende Kriterien sind:

• Die Welpen brauchen Tageslicht. Zuviel Dunkelheit, etwa in einer Garage ohne Fenster, hemmt die seelische Entwicklung.

• Du brauchst unbedingt einen Raum, wo die Welpen keinerlei Zugang zu irgendwelchen elektrischen Kabeln finden - Hundezähne wachsen schneller als Du denkst!

• Du brauchst eine eigene Welpenbox, Minimum 1 1/2 x 1 1/2 Meter, aus der die Welpen anfänglich nicht herauskönnen, und die später den Welpen einen sicheren, heimeligen Ort bieten, in den sie sich in ihrer aktiven Zeit nach dem Spiel und Umhertoben zurückziehen können. Auch die Mutter braucht eine Stelle, wohin sie nach den ersten Tagen einmal gehen kann, wenn sie für sich allein ruhen möchte. Entweder brauchst Du dann eine größere Wurfkiste mit einem höher liegenden Schlafplatz für die Hündin oder direkt außerhalb der Wurfkiste einen Schlafraum für die Mutter.

• Die Welpen brauchen Tag und Nacht gleichmäßige Temperatur, etwa 20°C. Sind sie erst einmal soweit, daß sie sich gut bewegen können, sollte man sie mehrfach täglich in einen wesentlich grösseren Spielbereich herauslassen können.

• Hygiene muß immer erstklassig sein! In jeder Apotheke und Drogerie kann man recht wirksame geruchlose und nicht toxische Desinfektionsmittel kaufen.

• Ein alter, trotzdem sehr guter Rat lautet: Bereits Monate vor der Paarung alte Zeitungen sammeln - für die Welpen werden diese Zeitungen schnell *ein natürlicher Toilettenbereich*, die alten Zeitungen kann man danach leicht wegnehmen, verbrennen und durch frische ersetzen.

• Sind die Welpen erst einmal groß genug, um umherzulaufen, haben sie mehr oder weniger feste Läufe, achte darauf, daß ihnen immer eine Wasserschüssel zugänglich ist. Wähle eine Schüssel mit niedrigen Wänden, so daß kein Unglück eintreten kann, möglicherweise ein kleiner Welpe, der schwächer ist, in der Schüssel hängenbleibt.

• Man sollte Welpen jede Möglichkeit verschaffen, auch draussen zu spielen, wenn möglich im Sonnenschein, aber diese scheint bekanntlich nicht auf Anforderung.

Bei angemessener Zeit, nach meiner Meinung nicht vor einem Alter von vier bis fünf Wochen, sollte man Interessenten erlauben, die Welpen zu besuchen, sollte sie aber zuerst mit der Hündin vertraut machen. Dies ist wichtig, weil man dadurch vermeidet, daß die Hündin sich erregt, zum anderen aber haben gerade Ridgebackmütter einen Superinstinkt in der Beurteilung von Menschen. Niemals habe ich einen Welpen einem Interessenten verkauft, bei dem die

Ridgebackmutter mir signalisiert hatte, daß sie ihn nicht mag oder ihm nicht vertraut.

Die *Ridgequalität kann schon kurz nach der Geburt beurteilt werden.* Ein asymmetrischer oder fehlender Ridge, ebenso zu viele *Crowns* werden sich nie verändern. Nach den ersten Tagen scheinen die Ridges wieder verwischt, zeigen sich aber wieder deutlich nach der dritten oder vierten Woche

und sind dann klar zu beurteilen.

Welpen dürfen nie abgegeben, also ihrem neuen Eigentümer ausgehändigt werden, ehe sie zumindest acht Wochen alt sind. Diese Regelung gilt heute praktisch in allen maßgebenden Ländern.

Über wirksame Tests auf Dermoidzysten vergleiche auch Kapitel 10.

Wenn die Welpen weiter heranwachsen, immer aktiver werden, brauchen sie viele Möglichkeiten, sich in freier Luft bewegen zu können.
Dieses Foto zeigt einen gut geplanten Zwinger mit außerhalb des Zwingers liegender Spielfläche, im Zwinger finden die Welpen Ruhe und Schutz.

Kapitel Zehn

GESUNDHEIT

*...e Fortschritte des Welpen werden auf der Waage verfolgt. Dabei
...lte man nicht übertreiben. Waage und notwendige Manipulationen
...nten sich negativ auswirken*

*...n allgemeiner Hinweis: Wenn der Junghund erst einmal in das
...er zum Laufen und Rennen kommt, sollte man darauf achten, daß
...nicht zu schwer wird. Er braucht dann gutes Futter, aber seine
...nder und Gelenke sind gegen Übergewicht sehr empfindlich.
...to: H. Spengler, Deutschland*

Dieses Kapitel erhebt nicht den Anspruch, ein 1x1 für die Gesundheitsfürsorge zu sein. Hier findest Du einige wichtige Hinweise über:
- Ernährung
- Bei Geburt erkennbare Erbmängel, beispielsweise fehlender Ridge, Dermoid Sinus und Knickrute.
- Hüftgelenksdysplasie

Ernährung

Wir beginnen, wo Kapitel 9 aufgehört hatte, nämlich mit den neugeborenen Welpen. Das allerwichtigste Prinzip ist, die Mutter die Welpen so lang wie irgend möglich säugen zu lassen. Die ersten drei bis vier Wochen kann es, je nach Wurfgröße, ganz der Hündin überlassen sein, danach erzieht man nach und nach die Welpen, auch andere Nahrung aufzunehmen. Es ist vernünftig, die Welpen die letzten sieben bis zwölf Tage vor der Abgabe nicht mehr säugen zu lassen, sondern ihnen nur noch das Futter zu verabreichen, auf das sie auch bei ihrem Käufer angewiesen sind.

Hat die Mutterhündin zu wenig Milch, ist sie entweder krank, oder der Wurf ist zu groß, muß der Züchter mit Milchersatzstoffen früh genug eingreifen. Dabei mußt Du daran denken, daß Hündinnenmilch im Vergleich zu der vom Menschen konsumierten Kuhmilch nahezu doppel soviel Trockensubstanz aufweist, mehr als zweimal die Menge an Fett und Proteinen. Apotheken und Tierärzte, aber

auch die Futtermittelindustrie bieten gute Milchersatzstoffe an. Es gibt auch billigere Ersatzlösungen, für die man aber genügend Zeit und Geduld braucht, dabei stellt man seine eigene Mischung her. Empfohlen wird: 80 % Kuhmilch (3 % Fettgehalt) 20% leichte Sahne (10-12 %) Fettgehalt

Auf jeden Liter dieser Mischung kommen zusätzlich ein Eigelb und 6 Gramm Knochenmehl.

Unterernährte Welpen kann man mit einer Säuglingsflasche füttern. Auch hier mußt Du Dir die erforderliche Zeit nehmen, die Welpen müssen warm gehalten und nach der Fütterung muß der kleine Welpenbauch so lange mit einem warmfeuchten Wattebausch massiert werden, bis Kot und Urin abgesetzt werden.

Körper-gewicht	Welpe/ Junghund	ausge-wachse-ner Hund
	kcal	kcal
1 kg	275	
2 kg	470	
3 kg	630	
4 kg	770	
5 kg	900	
6 kg	1040	
7 kg	1170	
8 kg	1315	
9 kg	1430	
10 kg	1530	
15 kg	2050	
20 kg	2600	
25 kg	3000	1500
30 kg	3500	1700
35 kg		1900
40 kg		2100
45 kg		2300

Was die Ernährung des Rhodesian Ridgebacks angeht, vorstehend der Kalorienbedarf, für die entsprechenden Altersstufen. Dabei ist es natürlich am leichtesten, wenn man sich auf industriell hergestelltes Futter umstellt, bei dem man exakte Kalorienangaben über den Inhalt findet.

Ein brauchbares Trockenfutter für den erwachsenen Hund mit entsprechenden Nährstoffen, die zu vorstehendem Schema passen, besteht etwa aus 90 % Trockensubstanz, 10 % Wasser. Es enthält 20-24 % Proteine, 8 % Fett, 1 % Linolsäure und 3-4 % Ballaststoffe (Fibers).

Es ist eine Debatte in Gang gekommen, wonach heranwachsende Junghunde gehaltvollere *Welpennahrung* brauchen. Mein Rat lautet, zu nährstoffhaltige Welpennahrungen zu meiden. Keinesfalls sollte man sie gar noch *verstärken,* damit der Welpe *schnell und kräftig* heranwächst. Ein langsames, gleichmäßiges Wachstum ist immer besser als zu schnelles Wachsen.

Wenn Du mit Deinem Junghund ein Magen- oder Darmproblem hast, solltest Du nie zu lange abwarten, den Tierarzt hinzuzuziehen. Ein Grund für solche Erkrankungen sind wechselnde und sehr gefährlich Parvovirus-Erkrankungen, die möglichst frühzeitig erkannt und behandelt werden müssen. Wenn Dein Hund starken Durchfall oder andere Symptome aufweist, ist es immer besser, die Dinge zu kontrollieren und zu beobachten, als hier Risiken einzugehen.

Bei ausgewachsenen Hunden empfehle ich bei zeitweisen Magenproblemen, aufgrund von Reisen oder Streß, leicht verdauliche Nahrungsmittel. Man sollte daran denken, daß zum Beispiel Lammfleisch für das Verdauungssystem verträglicher ist, es gibt eine Vielfalt von Lamm- und Reisdiäten, die man in solchen Fällen einmal ausprobieren sollte.

Wann füttert man sogenanntes *Leistungsfutter?* Wenn Du beispielsweise Deinen Hund einem harten körperlichen Training, beispielsweise mit Hasen Coursing, Agility, anderen körperlich schweren Aufgaben wie der Jagd unterziehst, verliert er zuweilen Gewicht.

Jetzt sollte man eine Hochenergiefütterung mit höherem Proteingehalt testen. Man kehrt aber immer zur Normalfütterung zurück, wenn die zusätzliche körperliche Belastung wieder wegfällt.

Bei Ridgebacks wie bei anderen Hunderassen treten zuweilen Pollenallergien auf, möglicherweise auch Nahrungsmittelallergien. Wenn Dein Ridgback kein glänzendes Fell mehr hat, wenn er Haare verliert, körperlich abbaut, solltest Du vorsichtshalber immer das Futter wechseln und dabei mögliche Effekte beobachten.

Ich habe in zahllosen Fällen festgestellt, daß ein solcher Futterwechsel oft gute Ergebnisse bringt. Und Abwechslung im Geschmack des Futters liebt der Hund auch.

Nicht zu vergessen an dieser Stelle seien mögliche Allergietests beim Facharzt, die zeigen, auf welche Stoffe der Hund tatsächlich allergisch reagiert.

Erbmängel

Das allerwichtigste ist es, auftretende Erbmängel müssen aufgezeichnet und offen diskutiert werden. Gesunde, ehrliche Hundezucht erfordert in jeder Hunderasse und bei jedem Club eine offene Atmosphäre, getragen von Sorge um die Rasse und Ehrlichkeit. Es gibt keinerlei Grund sich zu schämen, wenn man Fehler offen zugibt. Auf der ganzen Erde gibt es keinen erfolgreichen Züchter, der nicht auch einmal Problemen gegenüber stand. Nur das Verstecken von Fehlern schädigt eine Hunderasse wirklich.

Unglücklicherweise zeigt die Geschichte unzählige Fälle, wo in allen Ländern und in allen Rassen mißgünstige Züchter das Unglück eines anderen Züchters zu einer *negativen Publizität* ausnutzen. Dies tun sie nicht der Sache, sondern des eigenen Vorteils willen. Wenn so etwas je heute auftritt, ist es an der Zeit, gegen schadenfrohe Züchter durch den Club Disziplinarmaßnahmen zu ergreifen.

Fehlender Ridge tritt auf, und wird es in unserer Rasse immer wieder geben.

In der früheren Zucht wurden Hunde mit Ridge mit Hunden ohne Ridge gepaart. Wie wir in den Tabellen in Kapitel 9 deutlich gesehen haben, ist es deshalb unvermeidlich, daß einige Einzeltiere ein heterozygotes oder gemischtes Genpaar aufweisen. Kommt dies mit einem anderen heterozygoten Gen zusammen, werden die Welpen ohne Ridge geboren werden.

Zuweilen wird empfohlen, Welpen ohne Ridge sofort zu töten, dem steht in vielen Ländern ein Tierschutzgesetz entgegen, das verbietet, Welpen ohne vernünftigen Grund zu töten. Wurfeintragung und Zuchtsperre für ein Einzeltier ist möglich. Es ist außerordentlich wichtig, daß über einen solchen Wurf korrekte Informationen in die Zuchtstatistik einfließen, gleichzeitig aber das befallene Einzeltier von der Zucht ausgeschlossen wird. Ich bin jederzeit bereit, bei solchen Voraussetzungen auch einen Welpen ohne Ridge zu behalten und zu verkaufen. Man sollte sich immer vor Augen halten, daß ein ridgeloser Hund selbst darunter in keiner Weise leidet. Und als Familienhund, möglicherweise sogar im Agilitysport, kann sich ein solcher Hund durchaus gut bewähren.

Ich wiederhole es aber noch einmal! Es ist außerordentlich wichtig, daß es genaue Statistiken gibt, in denen auch aufgeführt wird, wenn in einem Wurf ein Welpe ohne Ridge geboren wird. Solche Informationen konstruktiv genutzt, werden uns über einige Zeit dabei helfen, die Anzahl von Welpen ohne Ridge zu mindern.

Dann noch ein heißes Thema! Nehmen wir einmal an, daß Du beweist, daß ein bestimmter Rüde und eine bestimmte Hündin, beide mit Spitzenqualitäten in Wesen wie Anatomie, beide heterozygot sind. Ist es moralisch zu rechtfertigen, eine solche Paarung vorzunehmen, wenn man weiß, daß eventuell Welpen ohne Ridge geboren werden?

Meine Antwort lautet ja! Allerdings unter der Voraussetzung, daß diese Elterntiere tatsächlich für die künftige Zucht echte Vorzüge zu bieten haben, die man auf andere Art nicht erreichen kann und - unter der Annahme, daß der Züchter völlig offen und ehrlich ist, dem Welpenkäufer klar die Situation darstellt. Ja, eine solche Haltung ist durchaus zu vertreten. Es gibt und wird immer Zuchtkombinationen geben, bei denen Welpen ohne Ridge entstehen, ganz einfach deshalb, weil wir weiter zurück in den Ahnenreihen nicht genügend Informationen hinsichtlich des Ridges finden.

Aber hier ist wieder einer der Fälle, wo ich klarstellen muß, daß ich hier gezielt über Ausnahmen spreche, die keinesfalls allgemein üblich werden dürfen! **Der Dermoid Sinus** wurde lange als mit dem Rhodesian Ridgeback engstens verbunden angesehen. Tatsächlich kann diese Krankheit aber auch bei anderen Hunderassen und anderen Tieren - selbst beim Menschen - auftreten. Kurz beschrieben ist der Dermoid Sinus ein Entwicklungsschaden in der Haut, es entstehen kleine äußere Hautöffnungen, zusätzlich ein Kanal, *Tube,* die zu den Bändern zum Spinalkanal führen. Am häufigsten findet man Dermoid Sinus direkt außerhalb des Ridgebereiches, am Hals oder auf dem Rumpf oder an der Rutenwurzel.

Aber Vorsicht! Es kann beim Einzeltier mehr als ein Dermoid Sinus auftreten und man ist auch schon an anderen Stellen auf Dermoid Sinus gestoßen, etwa seitlich des Halses, selbst am Oberkopf und an den Flanken des Hundes.

Ist ein DS vollständig, führt es zum unausweichlichen Problem, zu ernsten Leiden des Hundes, möglicherweise bis zum Tod, wenn man nichts dagegen tut. Die Empfehlung der meisten Ridgebackzüchter lautet, einen an DS leidenden Junghund einschläfern zu lassen. Dabei muß darauf hingewiesen werden, daß in den meisten tierärztlich fortgeschrittenen Ländern recht erfolgreiche Operationen durchgeführt wurden, dabei der DS entfernt wurde. Leider ist in zu vielen Fällen der DS in seiner vollen Ausdehnung nicht entfernt worden, wodurch die Infektionen und das Leiden für Hund wie Besitzer andauerte.

Ich persönlich sehe es als absolut unmöglich an, mit einem Ridgeback zu züchten, der an DS gelitten hat, selbst wenn eine Operation voll erfolgreich verlief. Es gibt auch unterschiedliche Auffassungen darüber, ob man überhaupt Wurfgeschwister solcher Hunde zur Zucht einsetzen sollte.

Da die Frage, tatsächliche Erblichkeit und insbesondere die Erbgesetze, bisher wissenschaftlich völlig ungeklärt sind, könnte man eine Zucht mit Wurfgeschwistern begründen, allerdings nur unter der Voraussetzung, daß die Welpenkäufer klar über die Problematik aufgeklärt werden. Ein solches Vorgehen finde ich selbst fragwürdig. Man muß hier ganz einfach sehen, daß wir hier, anders als beim Fehlen des Ridge, über einen Mangel sprechen, der zu großen Schmerzen und bis zum Tode führt.

Eine weniger schlimme Erkrankung, die dennoch möglicherweise tödlich verläuft - ist die **Dermoid Zyste,** hierbei endet die Hautöffnung vor dem Spinalkanal.

Der Begriff *Zyste* ist nicht ganz korrekt, denn unter *Zyste* versteht man eigentlich eine Art *Hautsack*, also hat die Zyste nach außen und innen keine Öffnung. Dermoid Zysten sind eine Erkrankung, bei der ebenso wie beim Dermoid Sinus die Frage der Erblichkeit nicht abschließend geklärt ist. Operationen der Dermoid Zysten sind verbreitet, insbesondere, wenn es sich um echte Zysten handelt.

Zwei Fragen bleiben: Wie entdeckt man rechtzeitig bei einem Junghund einen *Dermoid Sinus?* Und wie soll man Tiere im Ausstellungsring behandeln, die an DS operiert sind?

Insbesondere wenn Du Deinen ersten Wurf Ridgebacks züchtest, brauchst Du zur Kontrolle der Welpen einen sehr erfahrenen Züchter.

Eine solche Kontrolle ist ganz einfach, man muß die Haut des Welpen etwas anheben, zwischen Daumen und Zeigefinger abtasten. liebevoll, aber dennoch fest. Wenn man dabei auf eine Art *Schnur* stößt, ist das dann die *Tube*, die die Haut und Spinalbereich des Welpen miteinander verbindet.

Diese Untersuchung erfolgt am besten im Welpenalter von ein bis vier Tagen, im Interesse der Sicherheit sollte man diese Kontrolle einige Tage später wiederholen. Die Untersuchung muß dabei den gesamten Körper umfassen.

Was das Ausstellen eines Ridgebacks angeht, der an DS operiert wurde, ist meine persönliche Auffassung lupenrein klar! Solche Hunde sollten absolut disqualifiziert werden!

Für mich ist dies genau das gleiche, wie wenn ein Einhoder aufgrund einer Operation den in der Bauchhöhle verbliebenen Hoden später doch wieder im Hodensack trägt.

Knickruten treten bei Ridgebacks auf. Bei einer ganzen Reihe anderer Hunderassen tritt dieser Fehler ähnlich auf, insbesondere wenn man noch in Erwägung zieht, daß in vielen Ländern das Kupieren von Ruten noch gestattet ist. Trotzdem müssen auch die Ridgebackzüchter dieses Problem ernst nehmen. Ein Rutenknick ist nichts anderes als ein unvollständig entwickelter Wirbel.

Viel zu häufig hört man die Ausrede: »Die Mutter hat ihm auf den Schwanz getreten!«

Der finnische Professor Sakari Paatsama war einer der ersten, der klar nachgewiesen hat, daß Knickruten ein besonderes Skelettproblem darstellen. In diesem Licht betrachtet, möchte ich nachhaltig jedermann, der Ridgebacks züchtet, bitten, Knickruten ausdrücklich bei der Eintragung anzugeben, unbedingt aber jede weitere Zucht mit solchen Tieren zu vermeiden.

Was den Ausstellungsring angeht schlage ich vor, daß man Knickruten zumindest ebenso schwerwiegend bestraft wie einen eindeutig asymmetrischen Ridge. Solchen Tieren sollte niemals ein CAC oder ein CACIB zugesprochen werden.

Hüftgelenksdysplasie

Unter dieser Erkrankung versteht man etwas laienhaft ausgedrückt asymmetrische oder unvollständig entwickelte Hüften, Luxation ist die Folge einer Lockerung im Hüftbereich, bedeutet, daß der Oberschenkelkopf in der Hüftpfanne *Spiel hat*. Es kommt dabei auch zu arthritischen Entwicklungen, die ihrerseits wiederum die Knochenstruktur in der Hüfte verformen.

Der Erblichkeitsquotient wird im allgemeinen zwischen 20% und 40% gesehen, das bedeutet, daß mehr als die Hälfte der Fälle in Zusammenhang mit Wachstums- und Ernährungsproblemen zu sehen sind. Denke an die Diskussion bei der Fütterung an meinen Rat, *jede zu kalorienreiche Nahrung, jedes zu schnelle Wachstum zu meiden!* Natürlich sollte man auch im Wachstumsalter unbedingt zu starke körperliche Bewegung vermeiden, insbesondere bei so einer großrahmigen Hunderasse wie einem Ridgeback.

In vielen Hunderassen ist Hüftgelenksdysplasie die verbreitetste, teilerbliche Ursache für schwere Schmerzen beim Hund. Die besten Abwehrmaßnahmen gegen HD sind:
1. Alle Hunde sollten geröntgt werden, bereits eine Überprüfung von Junghunden ab einem Alter von sechs Monaten gibt 90 % verläßliche Ergebnisse. Das statistische Idealalter für Röntgenaufnahmen wird in den USA mit zwei Jahren gesehen.
2. Ehe mit irgendeinem Hund gezüchtet wird, muß jeder Züchter den HD Status beider Zuchttiere kennen, deshalb sollten alle Röntgenergebnisse veröffentlicht werden.
3. Wenn nicht die Voraussetzung vorliegt, daß nicht nur die Elterntiere HD frei sind, sondern auch deren Eltern, also alle vier, sollte man eine Paarung höchstens einmal durchführen, dann abwarten, welches Röntgenergebnis alle Nachzuchten zeigen. Die Röntgenaufnahmen dieser Tiere sollten frühestens im Alter von einem Jahr gemacht werden.

Achte darauf, in vielen Ländern und bei vielen Clubs gibt es Einzelregeln, die unbedingt zu beachten sind. Meine Empfehlungen für eine im Grundsatz gesunde Hunderasse basieren auf drei Quellen:
1. Erfahrungen aus Schweden, wo systematische HD-Bekämpfungen über längere Zeiten durchgeführt werden als irgendwo anders in der Welt.
2. Vergleiche mit HD-Bekämpfungsprogrammen anderer Hunderassen, wobei die meisten davon unter dieser Krankheit ernsthafter leiden als der Rhodesian Ridgeback.
3. Erfahrungen des Schwedischen Rhodesian Ridgeback Clubs.

Der Rhodesian Ridgeback Club gehört zu den Pionieren, er verlangte schon Anfang der 80-er Jahre zwingend Röntgenuntersuchungen und Veröffentlichung aller Ergebnisse. Beachte dabei - die Forderung ging ausschließlich auf klare Informationen, Durchführen des Röntgens, es wurde dabei keine strenge Begrenzung der HD-Fälle vorgenommen, Hunde nicht rücksichtslos aus der Zucht ausgeschlossen. Im Jahre 1975 waren bei den Untersuchungen in Schweden bei 35% der Ridgebacks HD-Fehler bekannt. Im Jahre 1983 lag der Durchschnitt nur noch bei 5%, und seither blieb die Zahl bei ungefähr 5%, wurde teilweise sogar unterschritten.

Die Prinzipien des Rhodesian Ridgeback Clubs wurden später zu einem verbreiteten Modell für eine ganze Anzahl anderer Rassezuchtvereine. An dieser Stelle möchte ich unterstreichen, daß wenn bei Rhodesian Ridgebacks in einem Land nachweislich schwerere HD-Probleme vorliegen, man zu strengeren Maßnahmen greifen sollte. Dabei sollte man aber in solchen Fällen immer daran denken, daß es nicht immer zu den klugen Entscheidungen gehört, Verbote und strickte Regeln von nun an bis alle Ewigkeit aufzustellen. Vielmehr sollte man Ziele setzen, beispielsweise bleibt ein strenges Programm wirksam, bis man in der Gesamtpopulation zu einem HD-Anteil unter 5% gekommen ist.

Abschließend zur Frage HD möchte ich darauf hinweisen, daß gesunde Ellenbogen für schnelle und bewegliche Hunde mindestens ebenso wichtig sind, dies gilt eben besonders auch für den Ridgeback. Ich möchte die sehr geehrten Züchter doch bitten, daß wenn sie ihre Ridgebacks auf HD röntgen lassen, sie gleichzeitig auch eine Kontrolluntersuchung der Ellbogen vornehmen lassen.

Zur weiteren allgemeinen Gesundheitsfürsorge empfehle ich sehr, daß Hundefreunde, die

eines Tages auch gerne züchten möchten, einen Kursus in Erster Hilfe belegen. Es gibt auch sehr gute Literatur wie man bei Unfällen und Vergiftungen schnellstens handeln muß (Kynos Verlag: Tim Hawcroft - *Erste Hilfe für Hunde*); ebenso gibt es gute Literatur über Hundekrankheiten im allgemeinen.

Zum Abschluß des Kapitels noch einige gute Ratschläge:
• wenn sich Hunde den Sommer über frei bewegen dürfen, sollte man in den entsprechenden Ländern immer ein Serum gegen Schlangenbisse vorrätig halten;
• jeder Hund, der mit Segelschiff oder Motorboot über längere Zeiten mitreist, braucht eine Schwimmweste;
• denke daran, Erste Hilfe braucht man in Notlagen sowohl für Hunde wie für Menschen. Beispielsweise kann ein Hund in einem Verkehrsunfall verletzt werden. Dann muß möglicherweise Mund zu Schnauze beatmet werden;
• wenn Dein Hund etwas Hartes und Scharfes verschluckt hat, solltest Du nie versuchen, ihn zum Erbrechen zu bringen, sondern vielmehr so schnell wie möglich zum Tierarzt fahren. Ebenso mußt Du natürlich darauf achten, ob Dein Hund etwa etwas Giftiges oder Ätzendes aufgenommen hat;
• wenn jedoch Dein Hund einmal eine gefährliche Menge sich ausdehnender Futterstoffe (beispielsweise Hundetrockennahrung) gefressen hat, verdorbenes Fleisch oder ein Tier wie eine Ratte oder ein Eichhörnchen, sollst Du versuchen, ihn zum Erbrechen zu bringen. Am leich-

testen erreichst Du dies, indem Du ihm jede Viertel Stunde eine Mischung von einem Eßlöffel mit gleicher Menge Wasser verabreichst. Schütte die Lösung in den Fang, halte ihn zu, indem Du eine Hand über den Fang legst und streichle mit der anderen an der Kehle, bis die Mischung verschluckt ist.

Impfungen

In den größten Teilen Europas gibt es heute für Hunde zahlreiche und empfehlenswerte Schutzimpfungen. Viele erfahrene Tierärzte, möglicherweise auch Rassehundezuchtvereine, aber auch führende Arzneimittelhersteller haben klare Empfehlungen ausgegeben, wie man seinen Hund insbesondere gegen Staupe, in vielen Fällen auch gegen Leptospirose schützt. Noch ehe Du Dir Deinen ersten Hund kaufst, solltest Du Dir solche Informationen zugänglich machen, vor allen Dingen aber auch das Impfzeugnis überprüfen, das Du vom Züchter Deines Hundes erhältst. Hier sind auch wichtige Termine für die Wiederholungsimpfungen vorgesehen. Wenn Du selbst züchten möchtest, solltest Du diese Frage unbedingt mit Deinem Tierarzt besprechen. **Parvovirose** ist eine außerordentlich ansteckende Viruserkrankung, die schwere Durchfall auslöst und in vielen Fällen zum Tode des Hundes führt. In den 1970-er Jahren hat diese Seuche unter den Hunden sehr viele Opfer gefordert. Auch heute gibt es noch keinen endgülti-

gen Schutz durch eine Vorbeugeimpfung, es bedarf vielmehr zeitlich festgelegter Impfprogramme, verbunden mit sorgfältiger Hygiene und gesundem Menschenverstand. Du solltest auch wissen, daß moderne Impfstoffe nach allen Untersuchungen keinerlei Auswirkungen auf die Fruchtbarkeit haben, deshalb brauchst Du auch keine Sorge zu haben, Hündinnen noch vor der Paarung zu impfen.

Eine allgemeine Empfehlung geht dahin, die erste Parvoimpfung einem Welpen im Alter von acht Wochen zu verabreichen, dann bis zum Alter von sechs Monaten monatlich die Impfung zu wiederholen, ergänzt durch eine weitere Impfung im Alter von neun Monaten. Ab einem Alter von einem Jahr wird dann die Impfung jährlich wiederholt. (Anmerkung der Übersetzer: In Deutschland nicht üblich. Die erste Kombinationsimpfung mit ungefähr 8 Wochen, eine Wiederholungsimpfung mit ungefähr 12 Wochen, dann jährliche Wiederholung. Nicht zu vergessen die Tollwutimpfungen.)

Wenn Du Hunde importierst oder exportierst, denke auch an die Parvovirose; wie einige andere *moderne Krankheiten* unterliegt diese laufenden Änderungen und Wechseln. Importierst Du einen Hund, braucht er direkt nach der Ankunft eine Impfung, wobei von Deinem Tierarzt empfohlene örtliche Impfstoffe eingesetzt werden. Wenn Du umgekehrt exportierst, solltest Du darauf achten, daß der Hund bei seiner Ankunft im neuen Lande dort mit den örtlichen Impfstoffen geimpft wird.